Moral e Conceito de Direito em Herbert Hart

Moral e Conceito de Direito em Herbert Hart

2022

Carla Henriete Bevilacqua Piccolo

ALMEDINA

MORAL E CONCEITO DE DIREITO EM HERBERT HART
© Almedina, 2022
AUTOR: Carla Henriete Bevilacqua Piccolo

DIRETOR ALMEDINA BRASIL: Rodrigo Mentz
EDITORA JURÍDICA: Manuella Santos de Castro
EDITOR DE DESENVOLVIMENTO: Aurélio Cesar Nogueira
ASSISTENTES EDITORIAIS: Isabela Leite e Larissa Nogueira
ESTAGIÁRIA DE PRODUÇÃO: Laura Roberti

DIAGRAMAÇÃO: Almedina
DESIGN DE CAPA: Roberta Bassanetto

ISBN: 9786556275383
Junho, 2022

Dados Internacionais de Catalogação na Publicação (CIP)
(Câmara Brasileira do Livro, SP, Brasil)

Piccolo, Carla Henriete Bevilacqua
Moral e conceito de direito em Herbert Hart /
Carla Henriete Bevilacqua Piccolo. – São Paulo :
Almedina, 2022.

Bibliografia
ISBN 978-65-5627-538-3

1. Direito – Filosofia 2. Filosofia 3. Filosofia
moral 4. Hart, H. L. A. (Herbert Lionel Adolphus),
1907-1992 I. Título.

22-106218 CDU-34:17

Índices para catálogo sistemático:

1. Direito e filosofia moral 34:17

Maria Alice Ferreira – Bibliotecária – CRB-8/7964

Este livro segue as regras do novo Acordo Ortográfico da Língua Portuguesa (1990).

EDITORA: Almedina Brasil
Rua José Maria Lisboa, 860, Conj.131 e 132, Jardim Paulista | 01423-001 São Paulo | Brasil
editora@almedina.com.br
www.almedina.com.br

À minha pequena Gabriela e a Giancarlo, com saudades.

AGRADECIMENTOS

Difícil a tarefa de querer agradecer àqueles para com quem contraímos dívidas eternas. Ao meu Professor e Orientador, Ronaldo Porto Macedo Jr., pelas inúmeras portas abertas ao longo desses anos e pela paciência e boa-vontade incomuns com que me conduziu por cada uma. Sua vida acadêmica exemplar, sua superioridade intelectual que nunca nos humilha e, acima de tudo, sua compreensão quase paternal dos desafios de seus orientandos, serão sempre meus guias e estímulos. Ao meu marido, André, por dar sentido à minha vida e ainda se dispor a fazer parte dela. Nenhum agradecimento jamais lhe renderá o tributo devido. Aos colegas e professores da Faculdade de Direito da Universidade de São Paulo que construíram um ambiente acadêmico tão saudável e estimulante ao meu redor. À FAPESP, pela generosa bolsa de estudos que tornou esses anos de pesquisa mais confortáveis. Aos meus pais, por tudo. E a Deus, credor eterno de toda minha gratidão.

APRESENTAÇÃO DA COLEÇÃO

A relação entre direito e história, como aquela entre direito e economia, para ser bem compreendida carece de alguma reflexão conceitual preliminar. Afinal, saber do que se fala sempre ajuda. Podemos inicialmente separar os termos, dizendo que o direito consiste numa determinada esfera da vida pública definida por relações não afetivas. O direito é uma prática, um campo da prática que entre nós se distingue pelo seu caráter institucional, público e comum. Em poucas palavras, o direito configura e constitui a vida social, e mais precisamente a política. Práticas são o que fazemos "em vista de", são mais do que simplesmente "ações longas"[1], uma vez que encadeadas sistematicamente e configuradas de modo a formar uma profissão, um ofício, um jogo, uma arte. O direito regula essas relações e as regula por tipos, de maneira universal e impessoal.

A história, por seu turno, é a dimensão existencial dos seres humanos, inseridos no tempo – tempo cósmico, tempo existencial e tempo narrado[2] –, nossa ação consciente de temporalidade ou de finitude. A história é a condição em que vivemos, embora seja sempre, como insiste Ricoeur, narrada. Porque narrada, ela também é prática, também se realiza pelos seres humanos, não se confundindo apenas com o tempo cósmico, o movimento do universo externo. A consciência de si para os seres humanos individuais e para os grupos humanos, que vão de famílias e bandos, a sociedades, nações, estados e civilizações, é sempre uma consciência temporal, de um seu passado, de um presente e de um futuro.

[1] (Ricoeur, O si mesmo como um outro, 1991, p. 182)

[2] Cf. (Ricoeur, 1988)

A intencionalidade humana, no sentido fenomenológica, é temporal, uma dimensão tanto realçada em diversas filosofias do século XX.

Seria fácil e correto dizer que todas as disciplinas, da matemática à música, da genética à antropologia, têm uma história. As respectivas teorias seriam, portanto, "históricas". Tal afirmação causa estranhamento. De fato, não precisamos aprender a história da matemática para sermos matemáticos e o mesmo vale para outras disciplinas. Apesar de sabermos que a teoria matemática se desenvolve no tempo e poderia ser, por isso, chamada de histórica, ninguém mais precisa estudar os elementos de geometria ou de medicina dos gregos para estudar matemática. No direito, contudo, a coisa é diferente. Seus clássicos, do *Corpus iuris civilis* ao direito natural de um Grócio ou de um Leibniz continuam a ser de interesse, assim como continuam a ser de interesse os debates havidos entre os pandectistas e o jusnaturalistas, entre os doutrinadores do século XIX e os interessados na escola do direito livre. Mais ainda, categorias e institutos jurídicos, como capacidade, competência, propriedade, crédito e assim por diante, nunca se acham assentadas de modo tal que sobre elas não seja preciso exercer reflexão nova e transformadora.

Isso decorre do próprio objeto da ciência do direito, um saber que tem como finalidade não observar ou constatar algo de fora, um evento, mas determinar e constituir um modo de agir. Estuda-se direito, como se estuda ética ou ciência política, não para descrever um fenômeno, mas para fazer alguma coisa guiado por algum princípio ou razão de ser. Esse estudo para a ação engloba também um estudo sobre as condições da ação, não apenas condições dadas, naturalmente (o meio-ambiente e a estrutura orgânica) ou socialmente (as instituições e a tradição, pela qual o espírito dos mortos pesa sobre os vivos, dizia Marx), mas também sobre as condições que poderíamos criar, re-criar ou transformar. É nesses termos que a teoria do direito se liga à história: a teoria do direito não é descrição pura e simples, mas atribuição de sentido ao mundo das ações. Ela justifica. E as ações incorporam sempre certo particularismo, uma vez que as ações não são da esfera do universal, mas do singular. Princípios são universais por definição, mas ações são necessariamente singulares e por isso as instituições, que podem eventualmente ser descritas e mesmo imaginadas (e criadas) por meio de suas regras constitutivas, só podem realizar-se, acontecer e tornar-se reais se houver gente disposta a agir segundo suas finalidades.

Referimo-nos a direito e história de outro modo como disciplinas ou saberes, e mais especialmente hoje, como saberes profissionais, especializados e acadêmicos. Como disciplina, configuraram-se de formas diferentes ao longo da tradição ocidental, se quisermos dizer assim, embora também seja ou possa ser verdade para outras civilizações, com as quais não estou familiarizado. Nessa dimensão, trata-se de campos de pesquisa autônomos, com objetos e métodos próprios. Como saberes, artes (*crafts,* em inglês) cada um deles tem sua própria história[3], vale dizer, seu desenrolar e sua identidade disciplinar, se quisermos, as quais nunca são estáveis e ininterruptas.[4]

Esta coleção pretende abranger livros da história do direito, tanto na sua dimensão de prática social, quanto na de disciplina, por isso seu título, *História e teoria do direito,* uma vez que a prática, a arte, a profissão jurídica não se realiza sem os seus próprios princípios, expressos e articulados em teorias e ideias a respeito do direito. Os agentes da prática, cidadãos e pessoas comuns, tanto quanto especialistas profissionais e acadêmicos, devem necessariamente ter ideias e compartilhar minimamente sentidos e princípios de ação. Esta coleção pretende explorar esses temas em chave histórica e nesses termos incorpora histórias das teorias do direito, das práticas efetivadas, das instituições dentro das quais se movem os atores do direito, de personagens relevantes.

JOSÉ REINALDO E LIMA LOPES
FERNANDO RISTER DE SOUZA LIMA

[3] (MacIntyre, Three rival versions of moral enquiry: encyclopedia, genealogy and tradition, 1990, p. 127)
[4] (Ricoeur, Time and narrative, 1988, p. 248)

SUMÁRIO

INTRODUÇÃO 17

PRIMEIRA PARTE: O POSITIVISMO JURÍDICO E O CONCEITO DE DIREITO EM HART

1. O QUE É O POSITIVISMO JURÍDICO? 31
1.1 Considerações iniciais 31
1.2 Três teses positivistas na visão de Hart 32
1.2.1 Positivismo como teoria imperativa do direito 34
1.2.2 Positivismo como teoria analítica ou avalorativa do direito 35
1.2.3 Positivismo como doutrina da separação entre direito e moral 36
1.3 Relação entre as teses da neutralidade metodológica do positivismo e da separabilidade entre direito e moral 38

2. SENTIDO DE NORMATIVIDADE 41
2.1 1º Sentido de normatividade: verdade banal pós-kuhniana 42
2.2 2º Sentido de Normatividade: Direito como Ciência Normativa 46
2.3 3º Sentido de Normatividade: direito como ciência não puramente descritiva 47

3. O CONCEITO DE DIREITO 49
3.1 Considerações iniciais 49
3.2 Questões persistentes 50
3.3 Leis, comandos e ordens 50
3.4 A diversidade das leis 51
3.5 O soberano e o súdito 53

3.6 Ponto de vista hermenêutico e abordagem descritiva do direito 55
3.7 Um novo começo 57
3.8 Os fundamentos de um sistema jurídico 59
3.9 A textura aberta do direito 60
3.10 Justiça e moral 62
3.11 Cinco truísmos sobre a natureza humana 65
3.12 Outras conexões necessárias entre direito e moral 69
3.13 Méritos de uma concepção positivista de direito 71
3.14 Conclusão 74

SEGUNDA PARTE: DEFESAS DO POSITIVISMO E DA TESE DA EPARABILIDADE

4. CONSIDERAÇÕES INICIAIS 77

5. ENSAIOS EM TEORIA DO DIREITO E FILOSOFIA 79
5.1 Positivismo e a separação entre direito e moral 80
5.2 Crítica dos Realistas e dos CLS 82
5.3 Nazismo e crítica de Gustav Radbruch 84
5.4 Núcleo de verdade do Direito Natural 86
5.5 Lon L. Fuller: A moralidade do direito 87
5.5.1 Moralidade interna do direito 87
5.5.2 Problemas de filosofia do direito 89

6. ENSAIOS SOBRE BENTHAM 93
6.1 Importância dos ensaios 94
6.2 Introdução ao livro: méritos do positivismo 95
6.3 A desmistificação do direito 96
6.4 Bentham e Beccaria 97
6.5 Razão jurídica dotada de autoridade 99
6.6 Autoridade teórica e autoridade legislativa 99
6.7 Conclusões 102

7. O MÉTODO HERMENÊUTICO E O PÓS-ESCRITO A *O CONCEITO DE DIREITO* 105
7.1 Escolha do caso central 105

7.2 O Pós-escrito de 1994 ... 109
7.2.1 A história do pós-escrito ... 109
7.3 Natureza da teoria jurídica ... 110
7.4 Natureza do positivismo jurídico ... 113
7.5 Positivismo moderado: resposta a Dworkin ... 114
7.6 Direito e moral ... 115
7.7 Conclusão ... 117

TERCEIRA PARTE: TEORIA DO DIREITO APLICADA E O CONCEITO DE DIREITO PENAL

8. ESCRITOS EM DIREITO PENAL ... 121
8.1 Direito, Liberdade, Moralidade ... 122
8.2 Punição e Responsabilidade ... 123
8.2.1 Definição ... 124
8.2.2 Utilitarismo e Objetivo Geral Justificador ... 125
8.2.3 Pluralidade de princípios ... 126
8.2.4 Pluralidade de princípios ... 127
8.3 Justification, Excuses e Mitigation ... 128
8.3.1 Importância das excludentes de culpabilidade: princípios de justiça ... 130
8.3.2 Punição da tentativa ... 131
8.3.3 Escolha do caso central da pena ... 132

9. POSITIVISMO HARTIANO: AINDA DESCRITIVO E MORALMENTE NEUTRO? ... 135
9.1 Recapitulando ... 135
9.2 Positivismo jurídico: ainda descritivo e moralmente neutro? ... 141
9.3 Razão prática e normatividade ... 144
9.4 Escolha contrafática do caso central ... 147

CONCLUSÕES ... 151
REFERÊNCIAS ... 153

INTRODUÇÃO

Qual a relação entre o direito e a moral? O que diferencia uma obrigação jurídica de uma obrigação moral? Qual a conexão entre a teoria do direito e a filosofia moral? Positivistas moderados ou extremados, jusnaturalistas clássicos ou analíticos, interpretativistas, pragmatistas, realistas e tantas outras escolas de pensamento que se formaram no estudo do direito não puderam evitar essas questões. Elas são fundamentais para a delimitação do próprio objeto de estudo dos juristas. Afinal, é possível a existência de um sistema jurídico sem conexão necessária com a moral? Este é um problema de identificação do direito, de determinação do conteúdo mínimo de um ordenamento para que seja considerado como jurídico. Mas, há ainda a questão: é possível se fazer uma teoria do direito descritiva e neutra, isto é, livre das preocupações próprias da filosofia moral? Esta é uma questão metodológica, que discute e impõe os limites da teoria do direito.

É possível dizer que a separação dos juristas nas diversas correntes de pensamento se dá justamente em virtude das respostas que cada um deles tem a oferecer a essas questões. Positivistas jurídicos clássicos insistiram na separação entre direito e moral. Afirmavam não só que o direito poderia ter qualquer conteúdo, mesmo que imoral, mas também que o estudo do direito deveria ser dissociado da política, da moral e de outros ramos afins. Assim é que Hans Kelsen (1881-1973) pretendeu não apenas criar uma teoria "pura" do direito, o que significa que "o problema da Justiça, enquanto problema valorativo, situa-se fora de uma teoria do Direito que se limita à análise do Direito positivo como sendo a realidade jurídica", mas também ensinava que "todo e qualquer conteúdo pode ser

Direito. Não há qualquer conduta humana que, como tal, por força do seu conteúdo, esteja excluída de ser conteúdo de uma norma jurídica"[5].

Na tradição de língua inglesa, John Austin (1790-1859) também afirmava que "a existência do direito é uma coisa; seu mérito ou demérito, outra. Se ele existe ou não, é uma pergunta; se ele existe ou não em conformidade com determinado padrão, é uma pergunta diferente. Uma lei existente é uma lei, ainda que desgostemos ou ainda que ela varie do texto pelo qual regulamos nossa aprovação ou desaprovação"[6].

Esses autores, ícones de um positivismo que chamamos de "clássico" – o que mais adiante será explicado – foram categóricos em responder negativamente à questão de existir uma relação necessária entre direito e moral, seja no conteúdo daquele, seja no seu estudo. Eles fazem parte de uma longa tradição, a qual formou uma espécie de binômio positivismo x jusnaturalismo que dividiu os teóricos do direito por muitas gerações. Todavia, não são mais esses autores o centro do debate atual em teoria do direito, a despeito de seu monumental legado. O modelo de positivismo jurídico que hoje se ataca ou se defende, e que serve de ponto de partida para a compreensão de todas as demais correntes que se criaram nas últimas décadas, mesmo dentro do próprio positivismo jurídico, é o modelo proposto por H.L.A. Hart. E, embora se afirme ainda como positivista, as respostas dadas por Hart à questão da separabilidade entre direito e moral são muito diversas das de seus antecessores.

Algo impensável antes dele, Hart reconhece um fundo de verdade nas doutrinas do direito natural, admitindo que todo ordenamento jurídico apresente um conteúdo mínimo relativo à necessidade compartilhada por todos os seres humanos de sobrevivência e preservação de seus interesses mais básicos. Não apenas admite, portanto, um conteúdo mínimo obrigatório para o direito, como também nega que qualquer conteúdo possa ser jurídico. Autor de um período conhecido como pós-virada linguística, Hart entende que todos compartilhamos uma forma de vida, contingente, mas em certa medida universal, que

[5] Hans Kelsen, *Teoria Pura do Direito*, São Paulo, Martins Fontes, 2000, p. XVIII e p. 221, respectivamente.

[6] John Austin, *The Province of Jurisprudence Determined*, W. Rumble (ed.), Cambridge, Cambridge University Press, 1995, p. 157.

nos fornece critérios mínimos, linguísticos mesmo, de determinação do que pode ou não ser considerado jurídico. Um conteúdo absurdo, que fira a maneira como enxergamos o mundo e nossas relações com ele, ainda que chancelado pelas regras formais de validade de um sistema, não passaria, por essa razão apenas, a ser jurídico. Além disso, Hart reconhece que certos princípios gerais do direito, relacionados ao valor da legalidade e compartilhados por todos os ordenamentos jurídicos modernos, podem também ser compreendidos como requisitos de justiça e, portanto, morais.

Hart possui uma bibliografia razoavelmente extensa, tendo escrito sobre muitos temas jurídicos e também outros, próprios da filosofia moral. Muitos desses escritos, pouco conhecidos dos leitores em geral, deixaram a diferença entre teoria do direito e filosofia moral, tão cara aos autores positivistas, pouco acentuada. Sua obra acerca do direito penal, por exemplo, traz tantas análises típicas da filosofia moral, lado a lado com conceituações e estudos próprios da teoria analítica do direito, que torna difícil afirmar qual a abordagem intencionada pelo autor.

Aliás, Hart tem espalhados por sua obra tantos pontos incomuns de concessão àquilo que classicamente consideramos como jusnaturalismo que sua tese da separabilidade entre direito e moral merece uma atenção muito especial e diferente daquela que conferíamos aos positivistas clássicos. E compreender em que termos a separação entre direito e moral é estabelecida e defendida na teoria hartiana é crucial para compreendermos o próprio debate atual em teoria do direito, inclusive a formação de novas correntes de pensamento, ainda genericamente classificadas como "pós-positivistas", uma vez que, como dito, nenhum teórico jamais foi capaz de fugir a essa questão, sendo ela, em verdade, o grande divisor de águas.

O presente trabalho tem por objetivo justamente contribuir para uma melhor compreensão do papel da moral no projeto positivista de Hart. Estudando sua obra, recuperando textos importantes para o entendimento de seu sistema de pensamento, embora menos conhecidos, somos capazes de avaliar a coerência de sua tese da separabilidade entre o direito e a moral, tão complexa e diferente da tradição positivista clássica, e a viabilidade de uma teoria puramente descritiva, nos termos como seu modelo teórico foi concebido. Apresentarei, porém, um argumento bastante desafiador, porque atribui a esse sofisticado modelo uma intencionalidade que o próprio autor não estaria disposto a reconhecer.

A seguir encontra-se, em breves linhas, uma visão panorâmica desse argumento, cujos termos, aqui expostos de maneira bastante superficial, serão elucidados com maior profundidade ao longo dos capítulos.

Argumento central

O argumento central deste trabalho pode ser enunciado da seguinte forma: o positivismo jurídico de Hart, quando estudado no conjunto de sua obra, apenas mantém coerência se entendido como uma teoria normativa, acerca de como o direito deveria ser visto e apreendido por uma teoria, e não como uma teoria puramente descritiva, que apenas relata o que o direito de fato é.

Tal argumento, assim sintetizado, precisa ser destrinchado em seus termos para melhor compreensão. Em primeiro lugar, o que ser quer dizer com "positivismo jurídico"? Como é possível ainda falarmos em um positivismo jurídico, quando há tão pouca semelhança entre os teóricos que se dizem filiar-se a essa escola? Não obstante, Hart se afirma um positivista jurídico, embasa sua teoria com argumentos tirados dessa tradição e defende o próprio positivismo como a melhor abordagem teórica do direito. Atacar o modelo hartiano significa, em certa medida, atacar também o positivismo jurídico e é preciso estabelecer em que termos isso pode ser feito. Será necessário, portanto, dedicar um breve capítulo à elucidação deste ponto, apresentando algumas das teses que historicamente marcaram essa tradição e conferindo um papel central à chamada tese da separabilidade entre direito e moral, pois é ela, como se verá, que precisamente permite identificar esses pensadores, apesar de todas as demais divergências teóricas que possa haver entre eles. Esse será o objeto do primeiro capítulo e ficarão claras, a partir dele, algumas diferenças fundamentais entre o modelo de Hart e o que chamaremos de "positivismo clássico", do qual John Austin, na tradição inglesa e, mais recentemente, sobretudo na tradição da Europa continental, Hans Kelsen, são inegáveis ícones.

Mas, se o modelo de Hart apresenta tantas diferenças significativas com relação aos demais positivistas jurídicos, e é dele que cuida esse trabalho, então se faz necessário também nos determos com mais vagar nesse ponto para entendê-lo com certa precisão. Embora não seja o primeiro escrito em teoria do direito de Hart, *O conceito de direito* é sem dúvida a apresentação mais acabada de seu projeto teórico. É nele que estão enunciadas todas as suas teses, inclusive a da separabilidade entre direito e moral, e é ele, por essa razão, o ponto de partida de todo e qualquer estudo que se faça de sua obra. Também aqui partirei dele, ainda que ferindo uma ordem cronológica rigorosa de sua produção bibliográfica. A apresentação das teses de *O conceito de direito*, portanto, será o objeto do terceiro capítulo deste trabalho. O capítulo segundo, como se verá, será um intervalo necessário para a elucidação de outro termo do argumento central, qual seja, o sentido de normatividade que será emprestado à teoria de Hart.

Prosseguindo no argumento central, afirmei que ele depende de um estudo do conjunto da obra de Hart. Por que retomar esses outros escritos, às vezes tão pouco conhecidos e discutidos? Não bastaria um estudo aprofundado de *O conceito de direito*, já que este livro apresenta a substância de sua teoria? Partiu-se, no entanto, do entendimento de que Hart, muito mais do que o autor de uma obra importante, foi o autor de um sistema de pensamento robusto que sustenta e engloba sua teoria do direito e, consequentemente, a tese da separabilidade que defende. Somente podemos compreender esse sistema de pensamento se recuperarmos sua bibliografia. Além disso, há nesses outros escritos diversas instâncias de defesa da tese da separabilidade que revelam a natureza normativa de sua teoria, argumentos esses que não foram tão claramente expostos em *O conceito de direito*, mas que são centrais em outros lugares, como em sua obra sobre o direito penal.

Uma última parte do argumento enunciado acima que ainda precisa ser elucidada é a expressão "teoria normativa" que atribuiremos ao positivismo de Hart. Afinal, o que é uma teoria normativa? Existem alguns sentidos possíveis de normatividade. Um deles é o que chamarei de sentido teórico. Trata-se da ideia de que toda teoria, ao exigir um corte epistemológico, implica escolhas, e essas escolhas revelam valores adotados pelo cientista. É o que se denominou de "verdade banal pós-Kuhniana" de que toda teoria é, nessa medida, normativa. Outro sentido possível é aquele que distingue as ciências "normativas" das ciências "naturais". Estas têm por objeto os fenômenos naturais, inclusive a própria existência humana em sociedade enquanto manifestação natural. Aquelas, ao contrário, se dedicam ao estudo da sociedade humana enquanto uma ordem normativa, isto é, regida por normas, produto da vontade humana positivada. Tal é o domínio da ciência do direito, da ética, da política e de outros ramos afins. Não serão esses, obviamente, os sentidos de normatividade atribuídos à teoria hartiana, mas, sim, um sentido prático de tomada de posição, de prescrição e emissão de juízo de valores. Esse é o ponto crucial do trabalho, porque nele reside a pesada crítica de incoerência do positivismo de Hart enquanto uma teoria puramente descritiva, neutra, como o autor a propôs e defendeu. Para o esclarecimento deste ponto importante do argumento central será dedicado o capítulo dois deste trabalho.

Sub-argumento

Parte da defesa do argumento central passa pela demonstração de que todos os argumentos mais consistentes de Hart em defesa do positivismo e da tese da separabilidade são normativos e não metodológicos. São argumentos do tipo "defendo isso porque é bom, porque é justo que seja assim", e não do tipo "defendo isso porque é assim de fato e estou apenas descrevendo". É importante ressaltar que muitos desses argumentos são bem conhecidos, até mesmo porque Hart os apresentou aberta e reconhecidamente como tais, ou seja, como "méritos morais" de uma concepção positivista do direito. Mas apresentar méritos morais não significa necessariamente negar a existência de razões metodológicas para se adotar e defender uma tese.

Será preciso, portanto, enfrentar com muita cautela esse desafio, devendo nos perguntar, antes de tudo, se Hart não apresentou argumentos puramente metodológicos, isto é, que não recorrem a méritos morais, em defesa do seu projeto teórico. Estes, a meu ver, podem ser extraídos do que Hart entende ser o método correto de estudo do direito, o método hermenêutico. Hart defende que a tarefa do teórico do direito é a de olhar para as práticas sociais e descrevê-las como são, não apenas, porém, como um observador externo que somente considera a habitualidade dos comportamentos, mas como um observador externo que conhece o ponto de vista interno, aquele dos participantes da prática. Tomando como exemplo o jogo de xadrez, um teórico hermenêutico não apenas descreveria que os jogadores têm o hábito de mover o bispo na direção diagonal, mas ainda que eles o fazem *em razão* de uma regra, de um padrão de comportamento que lhes impõe esse movimento e lhes fornece um critério de avaliação que permite criticar uma jogada dessa peça como certa ou errada.

É por esse mesmo método hermenêutico que, segundo Hart, devemos estudar o direito. Assim, quando se nos coloca a questão "o que é o direito?" e vamos então observar as práticas sociais em busca de resposta, descobrimos que ele não pode ser definido *per genus et differentiam*, isto é, por referência a outra prática, esta por sua vez já definida, da qual ele seria uma espécie. Notemos a diferença: se definirmos "gato" dizendo que ele é uma espécie de "felino", tal resposta nos satisfará, porque temos bastante informação acerca do que significa um felino. Tanto no senso comum quanto no meio científico, há suficiente compartilhamento de critérios de identificação de um felino, de forma que uma proposição do tipo "um felino é:...." possui uma grande probabilidade de ser aceita como verdadeira pela maioria dos falantes daquela língua. Já no caso do direito, segundo Hart, não existe essa possibilidade. Muitas tentativas de definir o direito na forma "o direito é:.." surgiram ao longo da história, porém todas fracassaram. Isto porque definir o direito como "um conjunto de regras", por exemplo, sempre esbarrará, inevitavelmente, na outra questão "o que são regras?", a qual apresenta as mesmas dificuldades de resposta.

Para ele, apenas podemos encontrar um "caso central" do direito, aquilo que nossas práticas compartilhadas normalmente identificam como tal. Por exemplo, não temos dúvida ao responder que certas leis fazem parte do nosso direito, ou que o direito é, em certa medida, um conjunto de normas positivadas. Pensamos também em tribunais, em parlamentos, em autoridades fiscalizadoras, e na autoridade do Estado como de alguma forma ligados a tudo isso. Um estudo que tomasse por objeto, portanto, esses aparatos, presentes em todas as sociedades organizadas, seria compreendido por todos como um estudo do "direito". No entanto, casos como o direito internacional, o direito de sociedades primitivas e o direito de regimes autoritários – são ainda direito? – fogem a esse "caso central" e oferecem dificuldade de definição.

Hart emprega o método hermenêutico e procede com a identificação do caso central do direito que, para ele, consiste em um sistema de regras primárias e secundárias, cujo conteúdo *não possui nenhuma conexão necessária com a moral*, exceção feita a um conteúdo mínimo de direito natural indispensável à sobrevivência humana, como se verá no capítulo 3. Ou seja, quando Hart olha para as práticas sociais que identificamos como jurídicas, o que ele vê é um sistema de regras que independe de critérios morais de validade. Aqui, portanto, está mantida a defesa da tese da separabilidade, não só no que diz respeito ao conteúdo do direito – não existe conexão necessária com a moral – como também à metodologia empregada – o caso central foi determinado pela aplicação "neutra" do método hermenêutico, pelas conclusões de um observador externo imparcial.

Dito isso, poder-se-ia alegar, em defesa de Hart que, à parte seus argumentos normativos em defesa do positivismo e da tese da separabilidade, o próprio método hermenêutico que ele emprega já é, em si, a maior defesa não-normativa, metodológica, de sua teoria. Assim, a tese da separabilidade não decorreria de um posicionamento normativo, moral, do autor, mas é, ao contrário, uma *consequência* do método hermenêutico: quando olhamos para as práticas sociais e procuramos o caso central do direito, o que vemos é um sistema sem conexão necessária com a moral.

Esse argumento seria muito poderoso se encontrasse respaldo sólido na obra de Hart. Todavia, o próprio autor reconhece que aquilo que ele chama de caso central do direito é contrafático, porque não há nenhum sistema jurídico moderno civilizado que não apresente conexões fundamentais com a moral, muito além de um conteúdo mínimo de direito natural que Hart afirma necessário. É dizer que não há Constituição moderna que não exija juízos morais na determinação do que é ou não jurídico, ou seja, que não incorpore critérios morais de validade no ordenamento. Ora, se, ao olharmos para as práticas do direito, encontramos em toda parte conexões das mais diversas com a moral e não encontramos nenhum sistema jurídico civilizado sem relação necessária com ela, então o que leva um teórico hermenêutico a selecionar como caso central justamente algo que só existe como hipótese ou como raras e tristes exceções da nossa história? Não seria ele um caso de fronteira ou de penumbra, ao invés do caso central? Além disso, existem muitos teóricos do direito adeptos do método hermenêutico e seu posicionamento em relação à tese da separabilidade é tão variado – de um jusnaturalismo que afirma a conexão necessária a um positivismo extremado que a nega absolutamente – que somos levados, já por esse motivo, a desconfiar da neutralidade teórica dessa tese. Se as práticas observadas são as mesmas e todos os teóricos são neutros ao observá-las, por que tanta divergência nas suas descrições? De todo modo, defenderei que a escolha de um caso central moralmente neutro, já que contrafático, apenas pode ser explicado por um comprometimento normativo de Hart para com uma ideologia liberal, que vê com desconfiança as incursões da moral no ordenamento jurídico. Isso ficará claro em diversas passagens de sua obra, daí, mais uma vez, a necessidade de revisitarmos seus outros escritos, além do tão estudado *O conceito de direito.*

Há, no entanto, dois contra-argumentos que podem ser levantados em defesa de um compromisso metodológico, e não normativo, por parte de Hart, contra tudo o que foi exposto até agora. O primeiro deles é que Hart jamais teria negado que um sistema jurídico pudesse ter conexão com a moral, inclusive incorporando critérios morais de validade em sua regra de reconhecimento. Hart, por isso, considera-se um positivista moderado, em oposição aos positivistas extremados, para os quais tal conexão nunca é possível, sob pena de se por em risco a autoridade do direito. Esse contra-argumento, porém, não se sustenta, pois, embora haja o reconhecimento de que alguns sistemas possam ter essa conexão com a moral, a escolha do caso central para Hart ainda é de um sistema neutro, o que vai contra nossa percepção dos ordenamentos jurídicos modernos.

Um segundo contra-argumento possível seria o de que o fato de escolher um caso central contrafático apenas mostra que Hart empregou mal o método hermenêutico, e não que ele não tenha feito um trabalho em sociologia descritiva, como pretendia. Sua teoria continua sendo descritiva, neutra, mas ruim, por assim dizer. Ele aplicou o método, mas falhou ao descrever o que observou. Ficará claro, porém, a partir da compreensão do conjunto de sua obra, que Hart não observa a prática social e, por ingenuidade ou incapacidade teórica, escolhe um caso central "errado". Na verdade, ele como que estipula que o caso central é esse sistema de regras primárias e secundárias moralmente neutro *porque* ele é o que melhor se coaduna com a filosofia moral que embasa o seu positivismo jurídico, isto é, em virtude dos méritos morais (e não teóricos, no sentido de que seria uma melhor descrição) de se entender o direito dessa forma. Há uma grande influência da filosofia benthamiana, de um positivismo "ideológico", na sua obra e, por essa razão, dedicou-se todo um capítulo à leitura dos seus *Ensaios sobre Bentham*, com o objetivo de tornar clara a extensão dessa influência. Aqui, poder-se-ia objetar que a influência de Bentham, por si só, não significa o fracasso teórico-descritivo do empreendimento hartiano. Afinal, Hart poderia perfeitamente aplicar o método hermenêutico de forma neutra, encontrar o caso central do direito e então entender o positivismo de Bentham como uma teoria com boa adequação descritiva. Defenderei, porém, que não é esse o caso. Hart, ao contrário, pressupõe um positivismo ideológico de inspiração benthamiana *para* escolher o caso central. É essa ideologia o móvel de sua compreensão do direito e não o resultado dela.

Por fim, será dada uma importância diferenciada aos escritos hartianos em direito penal. Eles nos permitem uma perfeita visualização de como Hart aplica o mesmo método hermenêutico a um ramo específico do direito. E, surpreendentemente, o caso central da pena – e do direito penal – apresenta, para ele, uma conexão necessária com a moral através de um requisito indispensável de justiça. É como se Hart, em seus escritos penais, estivesse menos comprometido com a tese da separabilidade do que em seus escritos em teoria analítica do direito, embora o método empregado, descritivo, seja o mesmo. Esses textos, portanto, nos fornecerão subsídios importantes para concluir a exposição do argumento central deste trabalho, de que o positivismo jurídico de Hart, em especial sua tese da separabilidade, quando estudado no conjunto de sua obra, apenas mantém coerência se entendido como uma teoria normativa e não puramente descritiva, como ele pretende.

Este foi um breve resumo do raciocínio seguido pelo trabalho. Embora exposto aqui de maneira superficial, já se percebe que se trata de um argumento audacioso, uma vez que atacar a coerência da tese da separabilidade em Hart implica atacar a coerência de todo seu projeto teórico enquanto um modelo descritivo, neutro. O desafio é grande, mas os ganhos de um estudo dessa amplitude são recompensadores. Como dito, a defesa de um argumento desse tipo exige a revisitação de obras importantíssimas de Hart que são, no entanto, pouco conhecidas e estudadas, para delas buscar extrair o pano de fundo teórico comum, aquilo que embasa todo o sistema de pensamento hartiano.

Acredito, com isso, que o presente trabalho tem duas contribuições a prestar, para além de seu argumento central. A primeira consiste no próprio reexame da extensa bibliografia de Hart, demonstrando sua importância teórica e trazendo-a para o debate. A segunda, o fato de que discutir o projeto positivista de Hart com base não só em um ou dois textos de sua obra, mas na quase totalidade dela pode nos remeter ao centro da agenda atual em teoria do direito com uma visão mais aguçada dos termos desse debate e com argumentos renovados. Em suma, o objetivo foi desde o princípio o de contribuir para uma compreensão mais aprofundada desse autor tão central no estudo da teoria do direito contemporânea.

Como última consideração, é preciso dizer que este trabalho é o resultado de uma longa pesquisa de mestrado e que, apesar do tom crítico com que os argumentos serão expostos, ninguém dedica anos a estudar um único autor se ele não lhe inspira a mais profunda admiração, fascínio e, sobretudo, respeito pelo imenso legado que seu gênio nos deixou.

PRIMEIRA PARTE

O POSITIVISMO JURÍDICO E O CONCEITO DE DIREITO EM HART

1.
O QUE É O POSITIVISMO JURÍDICO?

1.1 Considerações iniciais

Disse que o argumento central deste estudo pode ser resumido da seguinte maneira: o positivismo jurídico de Hart, quando estudado no conjunto de sua obra, apenas mantém coerência se entendido como uma teoria normativa, e não puramente descritiva, como pretende ser. Quando Hart defende a tese da separabilidade entre direito e moral, o faz não em decorrência do emprego do método hermenêutico, descritivo, mas como uma defesa normativa, moral.

Mas qual a importância de se classificar Hart como um positivista jurídico? Por que não analisar simplesmente seu modelo teórico da forma como ele propôs, sem identificá-lo a nenhuma escola? E, além disso: qual a relevância da tese da separabilidade para a coerência de uma teoria positivista, isto é, em que medida uma crítica àquela tese pode afetar todo um projeto teórico maior e complexo?

Essas questões apontam para a necessidade de uma breve explicação preliminar, objeto deste capítulo. A tese da separabilidade entre direito e moral é central para a compreensão do modelo hartiano. Quando o autor a defende, está com ela sustentando uma abordagem do direito como a melhor e se vale de toda uma tradição de pensamento para fundamentá-la, embora dela se aparte de maneira significativa. Conhecer, portanto, o pano de fundo teórico no qual Hart se insere é fundamental para entender o seu sistema de pensamento e a extensão da crítica que lhe será dirigida.

Dito isso, algumas considerações são necessárias. O positivismo jurídico é ainda hoje a escola de pensamento mais estudada e difundida no Brasil. Desafiá-lo em solo positivista, atacando a menina dos olhos que é a sua neutralidade, apresenta um desafio formal que é preciso enfrentar logo de início.

Entre nós, Hans Kelsen é, sem sombra de dúvida, o autor mais lido, tornando-se mesmo um positivista jurídico por antonomásia, um sinônimo de positivismo jurídico. É em sua *Teoria Pura do Direito* que, desde os primeiros anos da faculdade, buscamos as referências das teses dessa escola. Seu modelo teórico é frequentemente visto como a mais perfeita e acabada exposição do positivismo jurídico, sendo os demais autores tratados de passagem como variações locais, adaptações de sua teoria às peculiaridades de outras tradições jurídicas. Esse é o primeiro problema. O segundo é que todo autor muito lido é também, em grande parte, mal lido, e com Kelsen não foi diferente. Formou-se, com o passar dos anos, uma série de convicções acerca do positivismo jurídico decorrentes de uma leitura desatenta, de sobrevôo, ou mesmo equivocada de sua obra e que interfere negativamente no estudo de outros autores positivistas, sobretudo de Hart, cuja teoria difere muito da kelseniana.

Portanto, uma observação cautelar a fazer é que este não é um trabalho sobre Kelsen nem sobre o positivismo a ele associado, que chamarei de "positivismo clássico". No que for oportuno, serão apontadas algumas diferenças entre esses dois modelos.

O objetivo deste primeiro capítulo é muito mais o de oferecer um vocabulário comum sobre as principais teses positivistas na visão de Hart, para que se possa visualizar melhor em que medida ele as endossa ou rejeita, isto é, em que termos Hart pode ser classificado como um positivista jurídico, qual a importância dessa classificação e em que medida os ataques à sua teoria podem ser estendidos ao positivismo jurídico como um todo.

1.2 Três teses positivistas na visão de Hart

Não se pode estudar o positivismo jurídico como uma escola de pensamento propriamente dita. Trata-se, mais precisamente, de uma grande família teórica, com mais de dois séculos de tradição, que atrai para sua rubrica autores dos mais diversos e antagônicos e engloba teses ou teorias menores compartilhadas de maneira bastante heterogênea pelos seus representantes.

Entre Hart e Kelsen, por exemplo, dois dos maiores ícones do positivismo jurídico do século XX, há tantos pontos fundamentais de discordância, que se torna difícil enxergar o que há em comum em suas teorias para receberem o mesmo rótulo teórico[7]. Na verdade, é difícil pensar em dois positivistas cujos modelos guardem suficientes semelhanças entre si. Duas perguntas, então, precisam ser respondidas, já que este é um trabalho sobre o positivismo jurídico de Hart: a primeira e mais premente delas é "o que devemos entender por positivismo jurídico?" ou "quais são as teses inevitavelmente associadas ao positivismo jurídico?". A segunda pergunta é decorrente da primeira e nos remeterá ao objeto desse estudo: existe alguma tese nuclear compartilhada por todos os positivistas, capaz de uni-los em uma mesma escola de pensamento, obstinadamente oposta a outras grandes famílias como a do jusnaturalismo, a despeito de tantas diferenças, muitas vezes radicais, entre eles?

Na tentativa de responder à primeira pergunta, isto é, que sentido ou sentidos atribuímos à expressão "positivismo jurídico", diversos autores ofereceram as mais variadas classificações das teses e conjuntos de proposições mais importantes, tradicionalmente identificadas com o positivismo[8]. Quero me reportar, primeiramente, à classificação apresentada pelo próprio Hart (1983:57), que destaca três possíveis significados, os

[7] Hart conta que, em um debate na Universidade da Califórnia em 1961, Kelsen teria dito que a disputa entre os dois era de um tipo absolutamente novo porque embora ele, Kelsen, concordasse com Hart, este não concordava com ele. Hart continua a anedota afirmando que, ao final do debate, "quando Kelsen enfatizou em tom estentóreo, tão notável em um octagenário (ou em qualquer um), que "Norma é Norma", e não outra coisa, fiquei tão perplexo que caí (literalmente) de costas na minha cadeira." (1983:287)

[8] Norberto Bobbio oferece uma dessas classificações em seu livro sobre o positivismo jurídico (*O Positivismo Jurídico*, São Paulo, Ícone, 2006), frequentemente utilizado nos cursos de graduação. O autor distingue sete teses ou teorias diferentes, todas atribuídas a esta escola. Não adotei esta classificação, apesar de sua preocupação analítica, porque Hart pode ser identificado apenas com poucas dessas teses. Por exemplo, Bobbio atribui ao positivismo: uma *teoria da coatividade do direito*, segundo a qual as normas são aquelas feitas valer por meio da força; uma *teoria da legislação como fonte preeminente do direito*; uma *teoria da coerência e completitude do ordenamento jurídico*, segundo a qual não pode haver num sistema jurídico lacunas ou antinomias; uma *teoria imperativista do direito*, que considera a norma como um comando do soberano; e, ainda, uma *teoria da obediência absoluta da lei enquanto tal*. São cinco teses, de sete, que Hart não subscreve. Por isso, preferi uma classi-

quais coincidem, na verdade, com as teses mais importantes da tradição utilitarista em teoria do direito.

1.2.1 Positivismo como teoria imperativa do direito

Na tradição jusfilosófica de língua inglesa, o positivismo jurídico é frequentemente associado aos nomes de Jeremy Bentham e John Austin, sendo Thomas Hobbes o seu predecessor do século XVII. Para esses autores, o direito é um produto da atividade humana, originado no "comando de um comandante não comandado", ou aquele a quem se presta o hábito de obediência e que, por sua vez, não obedece a nenhuma outra autoridade, ou seja, o soberano.

Tal teoria imperativa do direito se contrapunha às teorias do *ius naturale*, ou à ideia de que existam princípios "naturais", de origem divina ou não, mas de todo modo passíveis de descoberta pela razão humana, que antecedem e prevalecem sobre o *ius positivum*, o direito positivado. Esta teoria exerceria enorme influência sobre o pensamento jurídico dos séculos seguintes, sendo até hoje associada ao positivismo jurídico de modo geral.

Se esta fosse a tese central do positivismo jurídico, como muitos ainda o afirmam, ele teria Hart excluído de suas fileiras. O segundo capítulo inteiro de *O conceito de direito* é dedicado a refutar precisamente a teoria imperativa ou do comando de Austin através da análise do emprego das palavras nas situações que reconhecemos como fenômenos jurídicos. Assim, dizemos que "fomos obrigados a" entregar o dinheiro ao assaltante armado, mas não que "tínhamos a obrigação de" fazê-lo. Esta última expressão empregaríamos com propriedade diante de um agente fiscal exigindo um tributo, por exemplo. Note-se, todavia, que tanto o assaltante quanto o oficial podem emitir a mesma proposição "dê-me o dinheiro", isto é, ambos emitem um comando. A diferença entre eles não está em que o agente do fisco está amparado pela soberania estatal (o comandante último que não presta o hábito de obediência a ninguém), ao passo que o assaltante não pertence a esse sistema maior de coerção. Não é assim que percebemos a diferença, ao menos não em uma socie-

ficação talvez menos analítica, mas certamente mais útil ao estudo do positivismo jurídico na forma conferida por Hart.

dade minimamente organizada juridicamente e livre de formas graves de autoritarismo.

A essa perspectiva do indivíduo, que vê na regra jurídica não um comando que carrega sempre consigo a ameaça da sanção, mas como uma razão para obedecer ao direito e se comportar de acordo com ele, Hart dá o nome de "aspecto interno" das regras sociais e é o seu aporte de filosofia da linguagem na teoria do direito que o separa do positivismo clássico, anterior à chamada "virada linguística"[9]. Basta lembrar que, para Kelsen, não existia diferença "de fato" entre a ordem do assaltante e do oficial do fisco. No mundo da causalidade, ao contrário do mundo da imputação, não há nada que os distinga. Precisamos, para ele, transcender o mundo real para uma assunção de que a exigência do agente do fisco é um *dever ser* de validade objetiva[10]. Para Hart, bem ao contrário, existe, sim, diferença *de fato* entre as duas proposições, e a prova dessa diferença reside na própria linguagem usada para descrever esses fenômenos, expressão que é da dimensão interna da regra, isto é, da perspectiva do indivíduo inserido no ordenamento jurídico. Essas ideias serão expostas de maneira mais clara no capítulo 3. O importante aqui é frisar que, quando Hart se afirma um positivista jurídico e defende essa postura como a melhor abordagem do estudo do direito, não está defendendo qualquer modelo de teoria imperativa nem se alinha a Kelsen ou a Austin nesse sentido.

1.2.2 Positivismo como teoria analítica ou avalorativa do direito

Trata-se da alegação de que a análise dos conceitos jurídicos, ou o estudo dos seus significados, tem valor em si mesma e é distinta das investigações históricas (acerca das origens e evolução do direito), sociológicas (direito enquanto fenômeno social) e valorativas (crítica do direito seja em termos morais, funcionais ou teleológicos). Hart se afirma um teórico analítico do direito. Para ele, é "(...) uma verdade importante que um estudo puramente analítico de conceitos jurídicos, um estudo do sig-

[9] Hart é um autor, como se diz, pós-virada linguística, influenciado pela filosofia da linguagem desenvolvida em Cambridge por Wittgenstein e seus discípulos mas, com muito mais força, pelos estudos linguísticos realizados em Oxford sob coordenação de J.L. Austin, dos quais Hart participou ativamente. Mais será dito a esse respeito adiante

[10] Conforme *Teoria Pura do Direito*, *op. cit.*, pp. 48-55.

nificado do vocabulário que distingue o direito, é tão vital para a nossa compreensão da natureza do direito quanto estudos históricos ou sociológicos, embora, é claro, não possa suplantá-los." (1983:57).

Mais do que uma tese é, na realidade, uma forma de abordagem do direito que se pretende moralmente neutra, como a de um observador externo daquela prática social que conhece suas regras sem as endossar e se põe a descrevê-las de maneira analítica. Tal é a intenção por detrás da famosa afirmação de Hart logo no prefácio a *O conceito de direito*: "(...) o livro pode ser também encarado como um ensaio de Sociologia descritiva." (2007:01). E explica que seu relato é descritivo "na medida em que é moralmente neutro e não tem propósito de justificação; não procura justificar ou recomendar, por razões morais ou outras, as formas e estruturas que surgem na minha exposição geral do direito." (2007:301).

Da tese do positivismo enquanto abordagem avalorativa do direito decorre a viabilidade da terceira tese discutida a seguir e centro das nossas atenções, qual seja, a tese da separabilidade entre direito e moral, porque traz a discussão acerca dos limites da investigação científica em direito, afirmando a possibilidade de uma ciência moralmente neutra. De fato, pode-se dizer que o debate atual em teoria do direito tem como centro gravitacional precisamente este problema metodológico.

1.2.3 Positivismo como doutrina da separação entre direito e moral

A terceira tese característica da tradição positivista é a chamada *tese da separabilidade*. A controvérsia já se inicia com a dificuldade de se determinar precisamente o conteúdo dessa tese, e, por isso, uma qualificação importante se faz necessária. Existe uma versão mínima, compartilhada por todos os positivistas jurídicos, e uma versão mais elaborada, a respeito da qual existe uma cisão dentro do próprio positivismo. O conteúdo mínimo da tese consiste na afirmação de que **a determinação do que o direito *é* não depende necessariamente, ou conceitualmente, de considerações morais ou avaliativas acerca do que o direito *deveria ser*.** Ou seja, enquanto num plano empírico pode haver conexões entre direito e moral, num plano conceitual essa dependência não existe. A principal controvérsia repousa num elemento adicional da versão "estendida", por assim dizer, da tese. Um positivista jurídico *inclusivista* sustenta que considerações morais ou avaliativas **podem** determinar, em certas circunstâncias, o que o direito é, mas este é um fato contingente, dependente da regra social de reconhecimento de um sistema jurídico em concreto, num dado momento. Já um positivista jurídico *exclusivista* nega essa dependência contingente, mas possível, do direito em relação a critérios morais de validade. Ele sustenta, por seu turno, que a determinação do que o direito é **jamais poderá** ser conceitualmente dependente de considerações acerca do que o direito deveria ser. Esse debate entre as duas principais versões contemporâneas do positivismo jurídico é bastante rico e intrincado, porém, não está diretamente ligado ao argumento central[11]. Para os propósitos deste trabalho, o conteúdo mínimo da tese da separabilidade formulado acima será suficiente.

Esta tese é tão central ao positivismo jurídico que Hart, em alguns pontos, toma-os por sinônimos: "aqui tomaremos o Positivismo Jurídico com o significado da afirmação simples de que não é em sentido algum uma verdade necessária que as leis reproduzam ou satisfaçam certas exigências da moral, embora de fato o tenham frequentemente feito." (2007: 202).

Mas mesmo a versão menos qualificada da tese não deixa de causar perplexidade. Afinal, o que significa dizer que direito e moral são diferentes, e que a determinação daquele não depende de incursões no campo desta? Teria algum teórico do direito negado que o fenômeno jurídico é substantivamente diferente do fenômeno moral? E negaria um positivista o fato de que o direito está de muitas maneiras associado à moral, sendo muitas vezes impregnado por ela? Existem muitas formas triviais de se afirmar uma conexão necessária entre direito e moral às quais nenhum positivista objetaria. Compreenderemos melhor o alcance da tese da separabilidade para Hart nos próximos capítulos, sobretudo quando discutirmos *O conceito de direito*.

11 Para uma visão geral desse debate, ver: Andrei Marmor, *Exclusive Legal Positivism* e Kenneth Einar Himma, *Inclusive Legal Positivism*, ambos em Jules Coleman e Scott Shapiro (eds.), *The Oxford Handbook of Jurisprudence and Philosophy of Law*, OUP, 2002.

1.3 Relação entre as teses da neutralidade metodológica do positivismo e da separabilidade entre direito e moral

Quero tecer algumas considerações sobre as teses acima analisadas. As duas últimas delas – a do positivismo enquanto abordagem avalorativa do direito e a do positivismo enquanto doutrina da separação entre direito e moral – estão intimamente ligadas, guardando mesmo uma relação de dependência entre si.

Muito do debate entre positivistas e não-positivistas em geral se deve à imensa dificuldade de se as distinguirem no meio dos argumentos. Já vim sinalizando para o fato de que existem duas alegações bastante distintas, porém interligadas, que dão conteúdo à pretensa e controversa neutralidade do positivismo jurídico. A primeira é uma alegação metodológica, que classifiquei como sendo a segunda tese positivista. Para ela, o jurista deve agir como um verdadeiro cientista, trazendo o modelo empiricista das ciências naturais às peculiaridades de uma "ciência social" como o direito[12]. A segunda é uma alegação quanto ao conteúdo do direito, que equivale à terceira tese positivista, a tese da separabilidade: o direito é um conjunto de regras sem conexão necessária com a moral.

Percebe-se que a segunda tese positivista, da neutralidade do método de estudo, também poderia ser chamada de "tese da separabilidade", pois igualmente exige o distanciamento daquelas investigações próprias da filosofia moral. Em uma e outra tese, a moral está afastada, quer do método de estudo do direito, quer do próprio direito enquanto objeto de estudo.

A primeira alegação de neutralidade, a alegação metodológica, guarda consigo o questionamento acerca da possibilidade de uma ciência neutra, seja em direito ou em qualquer outro campo do conhecimento. Isto é objeto da epistemologia e conta com uma vasta biblioteca a seu respeito. Não será preciso endereçar essa problemática, além do que será dito no

[12] Lembrando o famoso prefácio de Kelsen à sua *Teoria Pura do Direito:* "Logo desde o começo foi meu intento elevar a Jurisprudência, que – aberta ou veladamente – se esgotara quase por completo em raciocínios de política jurídica, **à altura de uma genuína ciência**, de uma ciência do espírito. Importava explicar, não as suas tendências exclusivamente dirigidas ao conhecimento do Direito, e aproximar tanto quanto possível os seus resultados do ideal de toda a ciência: objetividade e exatidão." (2000:XI, destaquei).

próximo capítulo, quando tratarmos dos possíveis sentidos de normatividade que podem ser atribuídos a uma teoria. Irei, antes, questionar a neutralidade do positivismo, enquanto método, questionando a validade da segunda alegação, a tese da separabilidade propriamente dita.

Em outras palavras, o objetivo deste trabalho é o de demonstrar que Hart, ao dizer que o caso central do direito é moralmente neutro (tese da separabilidade), está, na verdade, tomando uma posição normativa, acerca de como o direito deveria ser. Isso põe em xeque sua ambição metodológica, de oferecer uma descrição moralmente neutra do direito. Dessa forma, derrubando-se a tese da separabilidade, derruba-se também a tese da neutralidade metodológica do positivismo jurídico.

O roteiro da argumentação deverá, portanto, necessariamente conter as seguintes etapas: 1) mostrar que os argumentos de Hart em defesa da tese da separabilidade são normativos ou morais, a respeito dos méritos de se enxergar o direito dessa forma; 2) demonstrar que a escolha de um caso central do direito moralmente neutro *decorre* de uma tomada de posição normativa (qual *deveria ser* o objeto de estudo do direito), refletida nesses argumentos; 3) concluir que tal abordagem do direito não é neutra, o que coloca em xeque a tese do positivismo enquanto teoria avalorativa do direito.

2.
SENTIDO DE NORMATIVIDADE

Será oportuno esclarecer, antes de adentrarmos o estudo das obras de Hart, o sentido em que termos como "normativo" ou "normatividade" têm sido e serão empregados ao longo deste trabalho. Discutirei três sentidos possíveis, descartando dois deles. Para compreendê- los melhor, será conveniente fazer uma distinção preliminar entre "descrição" e "prescrição", bastante recorrente no estudo do direito.

Descrever é emitir um *juízo de fato*, é uma tomada de conhecimento da realidade, cuja finalidade é apenas e tão somente a de *informar*. A prescrição, por sua vez, consiste em um *juízo de valor*, uma tomada de posição diante da realidade, e tem por finalidade, não informar, mas *influir* sobre o comportamento alheio, levando-o a agir da forma "prescrita"[13].

A ciência moderna procura excluir os juízos de valor de suas investigações, de forma a obter um conhecimento "objetivo" da realidade, sem influências do sujeito. Esta atitude é a que marcou a ruptura da ciência moderna com a ciência do passado; o cientista moderno, em geral, rejeita qualquer abordagem moralista ou metafísica da natureza. Também não aceita mais a antiga concepção teleológica das coisas, segundo a qual tudo é criação divina e segue um fim, uma finalidade pré-ordenada por Deus. Ele, o cientista, quer aceitar a realidade tal como ela é, buscando compreendê-la através de métodos puramente empíricos ou lógico-dedutivos.

[13] Tal distinção pode ser encontrada em diversos manuais de introdução ao estudo do direito. Mas ver, num autor positivista, Norberto Bobbio, *O positivismo jurídico*, São Paulo, Ícone, 2006, pp. 135 e ss.

Essa mesma atitude se difundiu por todos os campos do saber humano, inclusive nos estudos do homem e da sociedade. Assim, disciplinas como a História, a Antropologia, a Ética e também o Direito operaram grandes transformações metodológicas e teóricas no esforço de "elevarem" seus estudos ao *status* de uma verdadeira ciência, considerando-os de certa forma mais legítimos por se verem purificados de quaisquer considerações subjetivistas. É o que declara Kelsen logo no prefácio à primeira edição de sua *Teoria Pura do Direito* (2000:XI)[14]. Esse é também o ideal do positivismo jurídico em geral e é este o sentido de "sociologia descritiva" que encontramos no prefácio de Hart a *O conceito de direito* (2007:1).

2.1 1º Sentido de normatividade: verdade banal pós-kuhniana

Precisamos, agora, nos deter nesse ponto. Um teórico analítico como Hart se propõe a oferecer uma descrição neutra de seu objeto de estudo, a realizar um trabalho em "sociologia descritiva". O que isso significa e como isso é possível?

O mundo dos fatos, esse que o teórico quer descrever na qualidade de um observador neutro, é composto por práticas humanas bastante diversas, que não clamam para si mesmas rótulos como "direito", "moral", "costume" etc. Quando o teórico olha para aquela prática e afirma: isto é direito, algum princípio de seleção deve estar presente. Digamos que esse teórico seja um filósofo da linguagem. Ele deverá buscar nas práticas compartilhadas pelo grupo em estudo aquilo a que as pessoas se referem quando usam uma palavra, um conceito.

Tomemos o exemplo do "conceito de calvície"[15]. Quantos fios um homem pode ter em sua cabeça para ainda ser considerado calvo? É claro que não existe uma definição precisa. O que há é apenas uma noção mais ou menos uniforme em casos "óbvios", compartilhados por todos os falantes daquele idioma. Alguém que não tenha nenhum fio de cabelo, por exemplo, ou tão poucos fios que a maior parte do couro cabeludo fique à mostra é, certamente, um caso óbvio de calvície. Mas haverá sempre bastante diversidade de opiniões conforme a mudança de contexto. Se um teórico quer descrever o que é um calvo, portanto, deve olhar

[14] Ver nota 8.

[15] Este exemplo é dado pelo próprio Hart. *O conceito de direito,* op. cit., p. 8.

para essas práticas compartilhadas e identificar o seu caso central, isto é, aquele compartilhado por seus integrantes. No exemplo dado, tal caso central residiria na "obviedade" de que calvo é aquele indivíduo que não possui cabelo. E então, se for de interesse para seu estudo, o teórico pode trabalhar com os chamados casos de penumbra ou de fronteira, sobre os quais haverá sempre divergência, como, por exemplo, um indivíduo que só possua cabelo ao redor da nuca – ele é ou não calvo? O teórico poderia dizer: de acordo com as práticas observadas, ou seja, com o uso que a comunidade faz da palavra "calvo", podemos responder afirmativamente; mas se trata de um caso marginal, fora do padrão, uma vez que ele não é de todo destituído de cabelo. Em outras palavras, pode haver controvérsia quanto ao seu caso e esse desacordo é genuíno, pois não existe um critério fixo para a decisão.

Essa descrição do conceito de calvície é neutra? Para alguns, mesmo aqui a neutralidade do teórico está comprometida, porque até uma listagem dos usos da palavra "calvo" envolve seleção – o que *devo* incluir na lista? – e toda seleção pressupõe algum princípio ordenador

– o que é *importante* constar da lista tendo em vista os fins do estudo? Afinal, uma simples amostragem estatística de quantas pessoas usam a palavra "calvo" em tais e quais situações dificilmente teria algum valor teórico que justificasse todo o trabalho. De todo modo, não é através de pesquisas de amostragem que as teorias normalmente apresentam seus conceitos.

Mas, então, toda teoria pressupõe um corte epistemológico, o qual envolve seleção. E toda seleção necessariamente requer algum princípio, algum valor que a guie. Essa conclusão foi a que alguns autores deram o nome de "verdade banal" pós-Kuhniana, em referência aos trabalhos em filosofia da ciência de Thomas Samuel Kuhn[16].

[16] Ver Brian Leiter, *Beyond the Hart-Dworkin Debate, The Methodology Problem in Jurisprudence*, in *American Journal of Jurisprudence*, vol. 48, 2003, pp. 17-51. A referência a Kuhn pode ser vista como exemplificativa, uma vez que muitos outros autores, como Willard Van Orman Quine, Richard Rorty, Hans- Geord Gadamer, Paul Feyerabend, apenas para citar alguns, foram concorrentemente responsáveis por esses avanços na epistemologia contemporânea.

Vale a pena relembrar de forma resumida em que consiste precisamente essa "verdade banal". Kuhn tornou-se célebre por seu livro *A estrutura das revoluções científicas*, originalmente publicado como um artigo na *International Encyclopedia of Unified Science.* A tese mais conhecida desse trabalho trata de como se dá o progresso nas ciências. Segundo Kuhn, ele não ocorre através da acumulação linear de novos conhecimentos, mas através de revoluções periódicas, também conhecidas como mudanças de paradigmas (*paradigm shifts*), nas quais a própria natureza da investigação científica em um determinado ramo do saber é abruptamente transformada. Mas a tese que nos interessa diretamente é aquela que trata da escolha entre teorias (*theory choice*), ou seja, de como o cientista ou uma comunidade científica escolhe entre teorias concorrentes. Kuhn apresenta cinco critérios que orientam essa escolha[17]: acuidade, consistência, amplitude de escopo, simplicidade e capacidade de gerar frutos (*fruitfulness*), no sentido de revelar novos fenômenos ou relações previamente ignoradas em fenômenos já conhecidos.

Kuhn afirma que esses critérios orientam, mas não determinam a escolha, uma vez que "dois homens absolutamente comprometidos com a mesma lista de critérios para a escolha podem, não obstante, alcançar conclusões diferentes"[18]. Em outras palavras, esses critérios são *valores*, não *regras.* Isto não quer dizer que toda escolha teórica seja puramente subjetiva, uma questão de gosto pessoal ou de psicologia de massas, como inferiram seus críticos, mas que o sentido de "objetividade" deve ser revisto para ser entendido como aquela conclusão alcançada por meio de critérios largamente compartilhados pela comunidade científica. Este é o grau máximo de objetividade a que uma escolha entre teorias pode aspirar. A obra de Kuhn é rica em exemplos tirados da história da ciência de como é relativa a noção de objetividade nessa área, como ocorreu na escolha entre as teorias astronômicas de Ptolomeu e Copérnico, entre as

[17] Existe divergência na interpretação dessa teoria kuhniana no sentido de saber se os cinco critérios são descritivos – eles *realmente* guiam a escolha – ou normativos – *deveriam* orientar a escolha.

[18] Thomas S. Kuhn, *Objectivity, Value Judgment, and Theory Choice,* disponível online em http://commonsenseatheism.com/wp-content/uploads/2010/04/Kuhn-Objectivity-Value-Judgment-and- Theory-Choice.pdf, p. 362.

teorias da combustão do oxigênio e do flogisto e, recentemente, entre a mecânica newtoniana e a teoria quântica.

Em suma, Kuhn de fato conclui que toda escolha ente teorias é em parte subjetiva, em parte objetiva, entendendo esta última como uma escolha guiada por *standards* ou valores compartilhados pela comunidade científica. Mas, então, não há "objetividade" – tomada como neutralidade, imparcialidade, avaloratividade teórica – nem mesmo nas ciências da natureza, nas *hard sciences*, tradicionalmente vistas como um paradigma de onde outros domínios como o direito vão tomar emprestado o método, visando, através dele, se alçarem a "verdadeiras ciências", como queria Kelsen? Há quem responda em sentido negativo, de que realmente é impossível uma teoria "avalorativa" em qualquer área do conhecimento human[19]. Todavia, uma crítica à neutralidade do positivismo jurídico nesses termos perderia muito de sua força. Isto porque qualquer positivista se daria por satisfeito se sua teoria fosse equiparada a uma teoria científica, sejam lá quais forem os limites da objetividade que possam existir. Daí a expressão "verdade banal" de que toda teoria é, no fim e ao cabo, parcial, subjetiva, etc, uma vez que não pode ser desvinculada dos valores do teórico.

Apesar disso, ainda subsiste uma diferença marcante, ainda que intuitiva, entre o tipo de ciência que se faz na física, na química ou na astronomia, por exemplo, e aquela que buscamos na sociologia ou no direito, por outro lado. Ainda faz sentido, é dizer, a distinção entre uma teoria descritiva – mesmo que corrompida por elementos normativos – e uma teoria normativa, comprometida com valores outros que aqueles presentes no momento da escolha teórica.

Vou chamar esse sentido kuhniano em que uma teoria pode ser normativa (porque pressupõe valores do teórico para a própria realização do corte epistemológico e da escolha entre teorias) de sentido fraco ou de

[19] O trabalho mais recente de Ronald Dworkin, *Justice for Hedgehogs*, pode ser lido como caminhando nesse sentido, negando que qualquer domínio do conhecimento possa ser objetivo, se quisermos atribuir à objetividade um sentido arquimediano de possibilidade de verificação das condições de verdade fora do próprio ramo do conhecimento. Ver Primeira Parte, *"Independence"*, Harvard University Press, Cambridge, 2011, pp. 23-88.

sentido teórico de normatividade, intercambiando esses termos quando apropriado.

2.2 2º Sentido de Normatividade: Direito como Ciência Normativa

Há, porém, um outro sentido de normatividade, bastante diferente do sentido teórico que acabamos de discutir, mas igualmente diferente do que o argumento deste trabalho atribui ao positivismo de Hart. Tal sentido pode ser encontrado na obra de Hans Kelsen, e é preciso, portanto, tomar cuidado para que não se confundam. Kelsen distingue entre ciência causal e ciência normativa: a primeira explica o seu objeto de estudo por meio do princípio da causalidade. Disciplinas como a Física, a Química e a Biologia são as primeiras a nos ocorrerem, mas Kelsen enfatiza que muitas ciências sociais, em contraposição às ciências naturais, são também ciências causais. É o caso da Sociologia, da História e da Etnologia, pois são ciências que têm por objeto a conduta humana na medida em que ela é determinada por leis causais, isto é, na medida em que se processa no domínio da natureza ou da realidade natural. Uma tal ciência não se distingue essencialmente de uma ciência natural, sendo uma distinção apenas de grau e não de princípio.

Por outro lado, se existe uma ciência social diferente da ciência natural, então ela deve descrever o seu objeto de estudo segundo um princípio diferente do da causalidade. Tal princípio é o da imputação. Assim, a sociedade humana pode ser estudada tanto como um fenômeno da natureza – não sendo a ciência social que a descreve diferente das ciências naturais –, como pode também ser vista como uma "ordem normativa de conduta humana" (2000:85), cujo domínio é o domínio dos valores, contraposto ao da realidade natural, valores estes constituídos por atos da vontade humana, isto é, por normas positivas. Este é o domínio da Ética, ciência da Moral, e da *Jurisprudenz*, ciência do Direito. Tais ciências Kelsen as designa de "normativas", o que não significa "que elas estabeleçam normas para a conduta humana e, consequentemente, prescrevem uma conduta humana, confiram competência para ela ou positivamente a permitam, mas que elas descrevem certas normas, postas por atos humanos, e as relações entre os homens através delas criadas" (2000:96).

É preciso, pois, enfatizar que, quando se afirmar que a teoria de Hart é normativa, também não será neste sentido kelseniano de que o objeto de seu estudo é uma ordem normativa.

2.3 3º Sentido de Normatividade: direito como ciência não puramente descritiva

O sentido de normatividade que tenho empregado e que será atribuído à teoria de Hart relaciona-se diretamente à distinção retomada há pouco entre descrever e prescrever, entre emitir juízos de fato e emitir juízos de valor. Será no sentido de que a teoria não tem uma postura puramente descritiva, neutra, avalorativa, de emissão de juízos de fato, mas realiza uma tomada de posição diante da realidade descrita, isto é, emite juízos de valor e busca influenciar o processo de conhecimento. É bem diferente do sentido kuhniano de que toda teoria é normativa, pois, ali, os valores ou padrões de correção que influenciam o teórico são largamente compartilhados por toda uma comunidade científica – e mesmo pelo senso comum – por muitas gerações, até o momento em que se opera a mudança de paradigma. Aqui, ao contrário, os valores que influenciam o teórico são valores morais altamente discutíveis e estão longe de serem compartilhados por sua comunidade acadêmica.

Já no próximo capítulo, onde discutiremos o conceito de direito para Hart, encontraremos instâncias em que argumentos nesse último sentido de normatividade aparecerão.

3.
O CONCEITO DE DIREITO

3.1 Considerações iniciais

As primeiras publicações de Hart no campo da teoria do direito datam do final da década de 1940. Em 1961, quando é lançado *O conceito de direito*, pelo menos quatro importantes artigos e um livro monumental, escrito com Tony Honoré, já haviam sido publicados[20]. Foi, no entanto, em *O conceito de direito*, que Hart apresenta de forma ampliada e sistematizada muitos dos *insights* de trabalhos anteriores. É importante notar que este livro foi escrito também como uma forma de justificar sua nomeação para a cadeira de *Jurisprudence* em Oxford, já que não contava ainda com nenhuma obra de peso em teoria do direito, como era o usual em seus antecessores.

Iniciarei, portanto, o estudo da obra de Hart por este livro, embora com isso ferindo uma ordem cronológica rigorosa, porque é aqui que se encontram bem delineadas as teses que marcarão Hart dentro da tradição positivista, ao mesmo tempo em que dela se diferencia de maneira significativa. É, sem dúvida alguma, a apresentação mais acabada de seu projeto teórico. E é nele também que Hart expõe com clareza seu enunciado da tese da separabilidade dentro de uma conceituação analítica do direito, servindo de base para a compreensão dos demais argumentos presentes no conjunto de sua obra.

[20] Refiro-me a *The Ascription of Responsibility and Rights*, in *Proceedings of the Aristotelian Society*, 49, 1948-9; *Definition and Theory in Jurisprudence*, in *Law Quarterly Review*, 70, 1954; *Positivism and the Separation of Law and Morals*, in *Harvard Law Review*, 71, 1957-8; *Causation in the Law* (com Tony Honoré), Oxford, Clarendon Press, 1959 e *Prolegomenon to the Principles of Punishment*, in *Proceedings of the Aristotelian Society*, 60, 1959-60.

Em suma, *O conceito de direito* é a obra-chave para o estudo de Hart – e, a bem dizer, de toda a teoria do direito contemporânea – e por isso se justifica seu tratamento preambular neste trabalho, embora não tenha sido ele o primeiro esforço teórico de Hart no campo da teoria do direito. Se queremos desafiar a coerência de seu modelo positivista e de sua tese da separabilidade, precisamos conhecer em que termos esse modelo foi construído e em que bases tal tese está apoiada.[21]

3.2 Questões persistentes

A estrutura do livro é bastante simples e didática: Hart dedica um capítulo para expor os problemas a serem enfrentados, três capítulos para desconstruir as teorias mais influentes que o antecederam, três capítulos para expor sua concepção de direito e três capítulos para a relação entre direito e moral e o problema da classificação do direito internacional, totalizando dez capítulos.

Será conveniente, para termos clara em mente a estrutura do positivismo jurídico de Hart, rever brevemente, nesta ordem de capítulos, os principais elementos de sua apresentação. No primeiro capítulo, Hart aborda as chamadas "questões persistentes" da teoria do direito e, através delas, esboça todo o trajeto a ser percorrido ao longo do livro. A primeira questão que causa perplexidade é, precisamente, "o que é o direito?". Qualquer pessoa, leiga ou jurista, defrontada com essa pergunta perceberá de imediato a diferença entre ela e questões semelhantes como "o que é a química?" ou "o que é a medicina?". Tal dificuldade aponta para o problema da conceituação do direito, já que todas as tentativas de respondê- la na forma simples de "o direito é: ...." parecem ter apreendido apenas uma pequena parcela da verdade. Para responder a essa pergunta, três outras questões nucleares têm sido postas. A primeira é: de que maneira o direito e a obrigação jurídica diferem das ordens baseadas em ameaças e como se relacionam entre si? A segunda: como difere a obriga-

[21] Hart fala em diferentes formas de comando, como quando se diz no Novo Testamento que Jesus comandava seus discípulos. E conclui que "comandar é caracteristicamente exercer autoridade sobre homens, não o poder de lhes infligir um mal, e, embora possa estar ligado com ameaças de um mal, um comando é primariamente um apelo não ao medo, mas ao respeito pela autoridade." (2007:25).

ção jurídica da obrigação moral e como elas se relacionam entre si? E, por fim: o que são regras e em que medida o direito é uma questão de regras? (2007:18).

3.3 Leis, comandos e ordens

Apresentados os problemas ou questões de que se ocupará o livro, Hart passa ao segundo capítulo, onde desconstrói a chamada teoria imperativa do direito – ou teoria do comando – largamente difundida e respeitada na tradição inglesa por conta da influência de seu maior expositor e renomado professor de *Jurisprudence* por muitos anos, John Austin. Já tratamos desse tema no capítulo anterior ao discutirmos as três teses positivistas. Vimos que Hart rejeita a ideia de direito como comando último do soberano e compreende a regra jurídica não como uma ameaça constante coagindo o indivíduo a se conduzir de determinada forma, mas antes como um instrumento para a persecução de certos fins, oferecendo, portanto, uma *razão* para a conformidade. Em outras palavras, a maioria das pessoas obedece ao direito não pelo medo da sanção, mas pelo respeito à sua autoridade[17]. Essa seria uma descrição mais fiel de como os participantes dessa prática social realmente a enxergam.

3.4 A diversidade das leis

O terceiro capítulo desconstrói outra teoria bastante prestigiada, a qual reduz todo o direito à ameaça pela sanção. Temos em Kelsen um expoente dessa teoria, uma vez que o autor identifica a norma com a sanção, afirmando que aquela não existe sem essa, sendo a sanção, em verdade, o único dever-ser jurídico. Assim, por exemplo, não existe a norma jurídica "não matarás", porque o direito nada pode fazer para impedir de fato esta conduta além de exercer um efeito dissuasivo. A norma jurídica é, simplesmente, "aquele que matar deverá ser punido de tal forma", ou seja, é a própria sanção. Note-se ainda que ela nem sequer é dirigida aos indivíduos cuja conduta se pretende regular, mas às autoridades competentes para aplicar a sanção em caso de descumprimento – na verdade, de cumprimento, de preenchimento dos requisitos – da norma.

Hart, ao contrário, afirma que não podemos reduzir toda regra a ordens coercitivas baseadas em ameaças. Pode parecer claro que alguns ramos do direito, como o direito penal e o direito da responsabilidade civil (*law of torts*), sejam microsistemas em que tal tipo de regra predomina. Daí, talvez, a tentação de aplicar esse modelo para todos os demais campos do direito, dada sua simplicidade explicativa (ou a "forte tentação da uniformização na ciência do direito", como diz Hart (2007:40)).

Todavia, existem outras regras jurídicas, como as que definem os modos pelos quais se devem celebrar casamentos, testamentos ou contratos válidos as quais não obrigam as pessoas a agirem de determinada maneira, como o faz a regra penal. "Tais leis não impõem deveres ou obrigações. Em vez disso, facultam aos indivíduos *dispositivos* para a realização dos seus desejos, conferindo-lhes poderes jurídicos para criar, através de certos procedimentos especificados e sujeitos a certas condições, estruturas de direitos e deveres dentro do quadro coercitivo do direito." (2007:35).

Assim, se um testamento não contiver o número de assinaturas exigido por lei, o documento produzido não será um testamento "válido", não criará direitos e deveres, será um ato nulo. Para alguns, está aí a prova de que a norma, na verdade, é a sanção – a nulidade é a sanção no caso do testamento. Para Hart, porém, a nulidade de um ato não significa a "infração" ou "violação" de qualquer previsão legal de uma obrigação ou dever, muito menos um "delito", "e seria causador de confusão pensar tal fato nesses termos" (*idem*).

Podemos pensar ainda naquelas regras que premiam o indivíduo por agir de certa forma, isentando-lhe de um tributo, por exemplo. Kelsen também as considera como sanções, no sentido de retribuição (*Vergeltung*) e ainda as insere dentro de um modelo coercitivo de norma[22]. É o que a doutrina tem chamado de "sanção premial". Para Hart, porém, não é assim que nós, membros dessa prática, enxergamos tais regras. Não concebemos um incentivo fiscal como uma "sanção" em nenhum sentido relevante e seria preciso um grande esforço teórico para desvirtuar nossa percepção de forma a entendê-las como instrumentos de coerção[23]. Tais

[22] Ver *Teoria Pura do Direito, op. cit.*, pp. 26-27.

[23] Nesse mesmo sentido e trazendo outros exemplos, esta instrutiva passagem de Juan Lambias de Azevedo: "Seria uma deplorável mutilação apresentar o Direito como implicando exclusivamente o modo de retribuição danosa, a pena. A essência do Direito implica a retribuição, mas esta pode ser não apenas castigo, mas também a recompensa. E a história

regras, entre outras como as de exercício do poder legislativo e jurisdicional, exercem *funções* diferentes daquelas do direito penal, e a sua inserção na ordem normativa é uma evidência da evolução da sociedade – Hart a compara à invenção da roda –, sendo um dos fatores que distinguem a passagem do mundo pré- jurídico para o mundo jurídico (2007:50).

Este é um ponto muito importante de distanciamento entre o modelo teórico de Hart e aqueles de seus antecessores positivistas, sobretudo de Kelsen. Ao recorrer ao ponto de vista interno dos membros da comunidade jurídica e ao modo como eles percebem "a diversidade das leis", como se chama este capítulo de *O conceito de direito*, Hart minimiza a importância dos elementos coercitivos, apresentando a "face benigna" e funcionalista da legalidade liberal[24], em oposição a uma imagem mais "Leviatã" do Estado e do direito como seu *longa manus*. Desde logo começamos a perceber a extensão da influência dessa filosofia liberal no pensamento e na obra de Hart.

3.5 O soberano e o súdito

Já no quarto capítulo, Hart cuida da identificação do direito com o hábito de obediência a um soberano, isto é, "uma pessoa ou um corpo de pessoas, a cujas ordens a grande maioria dos membros da sociedade habitualmente obedece e que habitualmente não obedece a qualquer outra pessoa ou a quaisquer pessoas" (2007:59). Hart desconstrói esse modelo demonstrando que ele não é capaz de explicar dois aspectos fundamentais da maior parte dos sistemas jurídicos: 1) *a continuidade* do direito ou a transferência do respeito à autoridade de um soberano a outro (afinal, se a soberania decorre de um hábito de obediência, como explicá-la no primeiro soberano ou em um novo, em relação a quem nenhum hábito de obediência teve tempo de ser formado?), bem como *a persistência* do

do Direito positivo nos mostra efetivamente exemplos de retribuição que são prêmios: o ramo de oliva (Grécia), o elogio e o galardão (Espanha medieval), o acréscimo e o aumento de soldos, a condecoração, as pensões graciosas, os privilégios econômicos e as isenções. Se nos passam inadvertidas é porque não foram unificadas em um Código como as penas", *Eidética y Aporética del Derecho: Prolegomenos a la Filosofia del Derecho*, Buenos Aires, Galpe, 1940, p. 48.

[24] Nesse sentido, Wayne Morrison, *Filosofia do Direito: dos gregos ao pós-moderno*, São Paulo, Martins Fontes, 2006, p. 418.

direito ou das leis para além do desaparecimento de seu legislador ou daqueles que lhe prestavam obediência habitual; 2) o estatuto juridicamente insuscetível de limitações que esse modelo atribui ao soberano não corresponde aos órgãos legislativos supremos modernos.

É neste momento que Hart apresenta o seu conceito de regras sociais, diferentes dos hábitos. Embora haja um ponto de semelhança importante entre eles, qual seja, a generalidade observável do comportamento, existem diferenças marcantes: 1) para que um grupo tenha um hábito, basta que seu comportamento seja convergente; essa mera convergência ou uniformidade não basta para afirmar a existência de uma regra: é preciso que o desvio de comportamento seja geralmente visto como *lapsos* ou falhas *passíveis de crítica*, havendo pressão no sentido da conformidade; 2) além disso, onde há regras não só se criticam os comportamentos desviantes, como se acredita que eles sejam uma *boa razão* para fazê-lo, isto é, a crítica é considerada como legítima em virtude do desvio de comportamento; 3) por fim, para que haja um hábito, não é preciso que os membros do grupo pensem no comportamento geral ou sequer tenham consciência de que tal comportamento seja geral; tanto menos se exige que eles procurem transmitir esse hábito ou se esforcem por mantê-lo: basta a mera convergência. No caso da regra social, ao contrário, existe o que Hart chama de "aspecto interno", isto é, uma *atitude crítica reflexiva*, por parte de pelo menos alguns dos seus membros, com relação a determinado comportamento.

Entender essas diferenças entre uma regra social e um mero hábito de obediência permite- nos dar conta de explicar aqueles dois aspectos presentes em quase todos os sistemas jurídicos, isto é, a persistência e a continuidade do direito e a limitação do poder soberano.

Quanto à continuidade, a aceitação da autoridade de um novo soberano (Rex, no exemplo de Hart), se explica "pelo reconhecimento de que ele tem direito à obediência, em virtude de sua qualificação no domínio da regra geral", regra solidamente fundada que estabelece a categoria ou sequência de pessoas que terá o direito de legislar quando certo momento ou circunstância se verificar (2007:67). Essa mesma explicação se estende à questão da persistência – por quê direito ainda? –, já que tal regra pode ser "a-temporal na sua referência: pode não só contemplar o futuro e referir-se ao ato legislativo de um futuro legislador, como também olhar para trás e referir-se aos atos de um legislador passado." (2007:72).

Da mesma forma, as restrições ao poder legislativo supremo que observamos hoje em todos os Estados de Direito, sejam elas constitucionais ou de outra natureza, podem ser compreendidas como parte da regra social que confere autoridade para legislar. Isso não implica a relativização da soberania ou mesmo sua desnaturação: um sistema jurídico independente não é aquele que não conhece restrições jurídicas ou que não obedece habitualmente a mais nada ou ninguém, mas aquele cuja regra que lhe confere autoridade não confere a mesma autoridade ou autoridade superior ao legislador soberano de outro território ou sistema jurídico (2007:79).

3.6 Ponto de vista hermenêutico e abordagem descritiva do direito

Findos esses capítulos de "desconstrução", será oportuno tecer algumas considerações sobre o modelo hartiano, já no tocante ao argumento central deste trabalho, antes de prosseguirmos no estudo das demais teses de *O conceito de direito*. Mesmo até aqui, o livro já foi capaz de demonstrar de que maneira Hart se posiciona diante de abordagens positivistas até então predominantes. O chamado "aspecto interno" introduzido por ele no estudo das regras sociais é, sem dúvida, um dos pontos de maior sofisticação de sua teoria, colocando-a a grande distância da tradição que a precede. A questão sobre a qual se deve refletir, no entanto, é se esse refinamento teórico não tem o seu preço.

Para uma teoria que propõe realizar uma descrição do que o direito *é*, de como o fenômeno jurídico se apresenta aos olhos de um observador externo, a ideia de hábito de obediência parece perfeita: é empiricamente constatável e independente de qualquer investigação de ordem subjetiva, tanto da parte de quem observa quanto de quem presta o hábito de obediência.

Hart, porém, não se contenta com essa explicação, afirmando que ela não faz um retrato fiel do funcionamento de uma sociedade regida por regras. Ela, na verdade, captura apenas o "aspecto externo" da regra. É preciso ir além, desvendando também a atitude crítica reflexiva dos integrantes daquela prática. Conhecer o aspecto interno e descrevê-lo, porém, segundo Hart, não implica acatar ou concordar com o ponto de vista desses integrantes. É o que Neil MacCormick diferencia com o nome de "ponto de vista hermenêutico" ou "ponto de vista externo não-extremo", isto é, continua sendo o de um observador externo, mas de um observador que conhece e interpreta o aspecto interno da regra observada[25].

Esse aparentemente pequeno acréscimo na teoria de Hart em relação ao modelo de hábitos de obediência operou, no entanto, uma verdadeira "virada hermenêutica" na teoria do direito[26]. Já vimos que ele nos convida a descartar o clássico modelo de ordem coercitiva do direito, a qual identifica a norma com a sanção. Mas também o tema da discricionariedade, tão central ao positivismo jurídico, sofreu uma mudança significativa. Para o modelo clássico kelseniano, o direito fornece apenas uma moldura normativa. O juiz, ao analisar um caso difícil, em que exista discordância sobre qual a regra aplicável ou mesmo em que há lacunas, pode perfeitamente decidir fora dessa moldura. Se sua decisão não for reformada por uma instância superior, recebendo, portanto, a chancela do fenômeno jurídico da coisa julgada, ela será direito, norma individual criada pelo juiz no caso concreto. Isto porque, para Kelsen, qualquer conteúdo pode ser jurídico, uma vez que não existe um dever-ser necessário para o direito[27]. Para Hart, porém, embora o juiz de fato deva exercer seu poder discricionário em casos difíceis, há limites para esse exercício, limites que

[25] "Chamo-o de „ponto de vista hermenêutico" porque é o ponto de vista de alguém que, sem qualquer compromisso volitivo próprio (ou em uma abstração científica deste), busca entender, retratar ou descrever a atividade humana porque é significativa „do ponto de vista interno". Tal pessoa compartilha o elemento cognitivo deste último ponto de vista e reconhece e avalia o seu elemento volitivo. Assim, ela pode entender as *regras* e *standards* pelo que são, mas ela mesma não os endossa ao enunciá-los ou descrevê-los ou discutir a sua correta aplicação.", Neil MacCormick, *H.L.A. Hart*, trad. Cláudia Santana Martins, Rio de Janeiro, Elsevier, 2010, pp. 64-65.

[26] Para uma visão crítica desse fenômeno, ver Brian Bix, *H.L.A. Hart and the Hermeneutic Turn in Legal Theory*, in 52 *S.M.U. Law Review*, 1999, 167-199.

[27] "A propósito importa notar que, pela via da interpretação autêntica, quer dizer, da interpretação de uma norma pelo órgão jurídico que a tem de aplicar, não somente se realiza uma das possibilidades reveladas pela interpretação cognoscitiva da mesma norma, como também se pode produzir uma norma que se situe completamente fora da moldura que a norma a aplicar representa. (...) desde que o ato deste órgão já não possa ser anulado, desde que ele tenha transitado em julgado." *Teoria Pura do Direito, op. cit,* pp. 394-95

podem ser encontrados no "jogo da linguagem" do direito, no modo de vida dos seus praticantes, e que fornecem critérios de correção os quais impedem uma decisão fora da moldura de ser considerada como correta. Ela pode ser transitada em julgado, válida, mas será "errada", não de um ponto de vista extra-jurídico, moral – como o seria para Kelsen – mas de um ponto de vista jurídico.

Além desses temas da coercitividade e da discricionariedade, o modelo de Hart reformula a própria identificação de direito e Estado, já que aquele deixa de ser apenas um instrumento deste, e passa a ser encarado como uma prática complexa da qual todos somos membros, não mais na condição de "súditos", mas de participantes.

No entanto, a necessidade de se levar a sério o ponto de vista interno na descrição fiel de uma prática social como o direito pode nos levar a alguns questionamentos. Será que esses participantes vêem com tanta nitidez a distinção entre direito e moral, como sustenta a tese da separabilidade? Será que eles estariam dispostos a chamar de "jurídico" um ordenamento sem qualquer conexão necessária com a moral? Ou não seria tal ordenamento um caso de penumbra, a respeito do qual haveria discordância, e não um caso central daquilo que esses membros chamam de direito?

Temos elementos, então, para começar a questionar até que ponto a tese da separabilidade permanece uma descrição fiel da prática jurídica, tendo em vista a necessidade de se tomar em conta o ponto de vista interno. O modelo descritivo anterior, "externo", que apenas considerava o fato empiricamente observável do hábito da obediência, não sofreria esses questionamentos. Daí dizermos que esse acréscimo de sofisticação à teoria hartiana não é isenta de complicações para a sua proposta descritiva, moralmente neutra, e não é por outra razão que muitos autores pós-virada hermenêutica acabaram por abandonar o positivismo jurídico.

3.7 Um novo começo

Após três capítulos de desconstrução de teorias anteriores ("os três últimos capítulos são o relato de uma derrota e há obviamente necessidade de um novo começo." (2007:90)), Hart inicia o quinto capítulo com "um novo começo", buscando explicar o direito como a união de regras primárias e secundárias.

Segundo ele, em todo sistema jurídico complexo, podem-se identificar dois tipos de regras. Por força das regras *primárias* ou básicas, exige-se dos seres humanos que façam ou se abstenham de fazer algo; elas impõem deveres, obrigações e, diz ainda Hart, se relacionam com ações que envolvem movimento ou mudança físicos. As regras do segundo tipo são parasitas ou *secundárias* das primeiras; elas conferem aos seres humanos as ferramentas para que criem novas regras do tipo primário, extingam ou modifiquem regras já existentes ou determinem de que modo se dará sua incidência e sua fiscalização. Não impõem deveres, mas atribuem poderes, sejam eles públicos ou privados. Além disso, tornam possíveis não só atos que produzem mudança física, mas também a criação ou alteração de deveres ou obrigações (2007:91).

Um sistema que contivesse apenas regras primárias apresentaria três defeitos, segundo Hart: 1) a *incerteza* quanto a qual regra é efetivamente dotada de autoridade e deve ser apoiada pela pressão social; 2) o *caráter estático* das regras, uma vez que o único modo de criação e alteração das regras conhecido de tal sociedade será o processo lento de formação de hábitos e, depois, de seu revestimento de obrigatoriedade; e 3) a *ineficácia* da pressão social difusa pela qual se mantêm as regras. As regras secundárias são, assim, vistas como "remédios" para esses defeitos. São elas, respectivamente: 1) a *regra de reconhecimento*, que fornece critérios para que se reconheça a existência de uma regra; 2) *regras de alteração*, que conferem poder a um indivíduo ou grupo de indivíduos para introduzir, alterar ou extinguir regras naquela sociedade; e 3) *regras de julgamento (adjudication)*, que identificam os indivíduos competentes para julgar e ainda definem o processo a seguir.

Para Hart, na união de regras primárias e secundárias está "a chave da ciência do direito"[28], para usar uma expressão de Austin (2007:91). A ênfase que ele dá às regras secundárias como "remédios" para os "defeitos" de um sistema composto só por regras primárias parece sugerir, a

[28] "Se voltarmos atrás e considerarmos a estrutura que resultou da combinação das regras primárias de obrigação com as regras secundárias de reconhecimento, alteração e julgamento, é evidente que temos aqui não só o coração de um sistema jurídico, mas um instrumento poderosíssimo para a análise de muito daquilo que tem intrigado, quer o jurista, quer o teórico político" (1994:107).

princípio, apenas um acréscimo de eficiência ao funcionamento do sistema, ou a passagem, para fins puramente teórico-descritivos, do mundo pré-jurídico para o mundo jurídico. No entanto, autores como Stephen Guest, Stephen Perry e Jeremy Waldron vêem nesse ponto da obra de Hart uma evidência suficientemente convincente de que sua teoria não é descritiva e, portanto, moralmente neutra, mas sim normativa, carregada de razões morais[29]. A adoção de regras secundárias teria sido apresentada por Hart como um *remédio* contra o abuso do poder estatal e um elemento do *valor* legalidade. É aplaudido como um *mérito* do sistema. Além disso, entender o direito apenas como a união de regras primárias e secundárias, como faz Hart, sem a adição de elementos morais, também carrega em si o *mérito* da independência do direito com relação à moral, algo mais desejado do que empiricamente constatável.

Embora esses autores tenham detectado um argumento importante na obra de Hart, não parece que esse ponto da teoria, isoladamente, ofereça elementos suficientes para convencer-nos da normatividade de seu positivismo. Poderíamos, ainda, defender a neutralidade de seu empreendimento teórico alegando que os méritos a que se refere são méritos de eficiência, e não méritos morais, como quando dizemos que uma faca afiada é melhor do que uma faca sem corte, sem com isso estarmos nos posicionando moralmente a favor daquela. Isto porque facas afiadas podem servir tanto para cortar o pão quanto para matar alguém[30]. No entanto, se este argumento sozinho não convence, temos que reconhecer que a defesa hartiana dos méritos de uma concepção positivista do direito de fato já começa a ser delineada.

3.8 Os fundamentos de um sistema jurídico

No capítulo seguinte, intitulado "Os fundamentos de um sistema jurídico", Hart se demora na regra de reconhecimento e nas questões clássicas em teoria do direito acerca da validade jurídica. Diversos teóricos

[29] Stephen Guest (ed.), *Positivism Today*, Vermont, Dartmouth, 1996, pp. 29 a 44, S. Perry, *Hart"s Methodological Positivism*, in J. Coleman, *Hart"s Postscript*, Oxford, OUP, 2001, pp. 323ss. e J. Waldron, *Normative (or Ethical) Positivism*, ibid., pp. 429.

[30] Este argumento dos méritos de eficiência é exposto pelo próprio Hart e será analisado na segunda parte deste trabalho.

vêem na regra última da cadeia de validação jurídica uma norma que não é posta, mas "pressuposta", dando a entender que seria uma "hipótese", um "postulado" (2007:119). Assim, enquanto todas as regras do sistema retiram sua validade de regras hierarquicamente superiores, a regra última de reconhecimento (a *Grudnorm* de Kelsen, por exemplo) não é válida – porque não tem de onde extrair tal validade ou porque não é possível demonstrá-la –, mas simplesmente pressupõe-se sua existência.

Para Hart, ao contrário, a "validade" da regra de reconhecimento pode ser provada, sim, por referência à prática social: "ao modo por que os tribunais identificam o que deve ser considerado como direito, e à aceitação geral ou aquiescência relativamente a estas identificações." (2007:120). A existência da regra de reconhecimento é para Hart, portanto, uma questão de *fato* e não hipotética[31].

Com base em sua análise da regra de reconhecimento, Hart identifica o funcionamento "normal" de um sistema jurídico, em contraste com um funcionamento "patológico". Num sistema normal, as regras reconhecidas como válidas pelo setor oficial, responsável por aplicá-las, são geralmente obedecidas pelo setor privado. Mas pode não ser assim. Porque para a existência de um sistema jurídico, segundo Hart, basta que os funcionários públicos aceitem e usem seus critérios de validade jurídica. "A sociedade em que isto sucedesse poderia ser lamentavelmente semelhante a um rebanho; os carneiros poderiam acabar no matadouro. Mas há poucas razões para pensar que não pudesse existir ou para lhe negar o título de sistema jurídico" (2007:129).

3.9 A textura aberta do direito

No sétimo capítulo, Hart aprofunda seu tratamento daquilo que chamou de *textura aberta do direito*. Essa indeterminação decorre não só da própria linguagem em que o direito é exprimido, mas também de uma neces-

[31] "... a regra de reconhecimento é diferente das outras regras do sistema. A asserção de que existe só pode ser uma afirmação externa de fato. Porque enquanto uma regra subordinada de um sistema pode ser válida e, nesse sentido, "existir", mesmo se for igualmente ignorada, a regra de reconhecimento apenas existe como uma prática complexa, mas normalmente concordante, dos tribunais, dos funcionários e dos particulares, ao identificarem o direito por referência a certos critérios. A sua existência é uma questão de fato." (2007:121).

sidade do legislador de manter uma área de consideração e julgamento para o aplicador da regra. Isto porque não podemos prever com antecedência todos os fatos da vida humana que precisarão ser regulados nem a finalidade específica de cada regra em cada caso concreto.

Hart cita o exemplo de uma lei que exija de uma indústria a cobrança de "preços justos" e o oferecimento de "condições de segurança de trabalho" (2007:144). É claro que existem extremos nos quais não pode haver nenhuma dúvida quanto à injustiça de um preço ou à insegurança do ambiente de trabalho. Todavia, há entre eles diversos casos difíceis sobre os quais a regra geral, seja por sua linguagem ampla, seja pela própria conveniência legislativa de delegar essa análise para o momento judicial, não oferece um único resultado possível. Nesse caso, o juiz deverá inevitavelmente usar da discricionariedade a ele conferida por uma regra secundária válida naquele sistema jurídico.

Essa conclusão acerca da atividade legislativa dos tribunais levou muitos teóricos a afirmar que o direito não passa daquilo que os tribunais fazem ou da previsão de suas decisões. Tal posição teórica ficou conhecida como "ceticismo sobre as regras" (*rule skepticism*). Para uma versão desse ceticismo, as leis não são direito até que sejam aplicadas pelos tribunais; antes disso, são meras fontes de direito.

A deficiência descritiva dessa abordagem já foi apresentada quando Hart cuidou do "aspecto interno" das regras. Afinal, os indivíduos efetivamente aceitam as regras não como hábitos ou bases para prever as decisões dos tribunais ou de outras autoridades, mas como "padrões jurídicos de comportamento aceites" (2007:151).

Além disso, a própria existência de tribunais implica a existência de regras secundárias que lhes conferem jurisdição. E "numa comunidade de pessoas que compreendessem as noções de decisão e de predição de uma decisão, mas não a noção de regra, a ideia de uma decisão *dotada de autoridade* faltaria e com ela a ideia de tribunal" (2007:150).

Para Hart, o cético parece por vezes um "absolutista desapontado", alguém que, ao se deparar com a incompletude das regras ou sua textura aberta, deixa de acreditar que elas sequer existam, como alguém que deixa de acreditar em promessas apenas porque elas possam comportar exceções *ad hoc.* Nas palavras de Hart, "uma regra que termina com a expressão „a menos que..." é ainda uma regra" (2007:153).

Com estas considerações, Hart não só enfrenta importantes escolas céticas – como a do Realismo escandinavo –, como também se distancia de outros autores positivistas, como foi dito anteriormente quando tratamos de algumas divergências entre os modelos de Hart e de Kelsen.

Essa retomada do pensamento de Hart exposto nos primeiros sete capítulos de seu livro foi importante para apresentar seu conceito de direito, sua introdução da filosofia da linguagem na teoria do direito, afastando-o com isso de toda uma tradição juspositivista (virada hermenêutica) e abrindo caminho para uma vasta agenda teórica que, levando seus próprios argumentos adiante, resultaria nas diversas formas de pós-positivismo ou mesmo no abandono do positivismo.

A seguir tratarei dos dois capítulos mais importantes para os propósitos deste trabalho, os quais abordam a relação entre direito e moral e enunciam a tese positivista da separabilidade.

3.10 Justiça e moral

No capítulo oito, Hart inicia sua abordagem da relação entre direito e moral, que se estenderá pelo capítulo seguinte. Aqui, ele afirma que a linha separando esses dois sistemas de regras é bastante tênue, isso em virtude de um princípio moral em particular, especialmente ligado ao direito: a justiça, "a mais jurídica das virtudes e a mais pública delas" (2007:182).

Hart desenvolve a noção de justiça, partindo primeiro de uma ideia simples de equidade, que significa, brevemente, tratar da mesma maneira os casos semelhantes. Mas como aferir as semelhanças entre os casos? Quais os critérios relevantes para se determinar a "justiça" do tratamento? Hart se demora nessa problemática para então afirmar que, apesar das dificuldades de se distinguir o direito da moral, por conta exatamente do princípio da justiça, que parece estar presente de algum modo nessas duas ordens, existem quatro características próprias da moral que, em conjunto, tornam claras suas diferenças com relação ao direito. São elas:

i) **Importância**: todas as regras morais são tidas como importantes, como padrões que, se não fossem observados, resultariam em graves transformações no tecido social, criando obstáculos à convivência entre as pessoas. As regras jurídicas, embora possam muitas vezes reproduzir as proibições morais (essa sobreposição de conteúdo será tratada por Hart no capítulo seguinte), podem, em tantos outros casos, não ser revestidas de qualquer importância – esta não é uma característica essencial ao estatuto de uma regra jurídica como é ao da moral. "Uma regra jurídica pode ser considerada pelas pessoas em geral como não tendo importância suficiente para ser mantida; pode até haver concordância geral em como deveria ser revogada: porém, permanecerá como regra jurídica até ser revogada." (2007:190).

ii) **Imunidade à alteração deliberada**: as regras morais são produto do tempo, de longos períodos de adaptação e de experiências sociais e não faz sentido pensar nelas como algo que possa ser criado, alterado ou abolido por um *fiat* humano, por um ato de vontade. Essa possibilidade é, ao contrário, uma propriedade essencial dos sistemas jurídicos e é identificada por Hart através das regras secundárias de alteração, que cumprem precisamente essa função inexistente na moral.

iii) **Caráter voluntário dos delitos morais**: outra característica distintiva das regras morais é que a sua inobservância só é passível de censura quando o sujeito poderia ter agido de outra forma e, intencionalmente, não o fez. A pressão social sobre alguém portador de uma causa justificativa é, ela mesma, objeto de crítica, como sendo uma censura injusta, imoral. O mesmo não se dá com as regras jurídicas. Embora o dolo seja em geral exigido para a configuração das infrações à lei, ele não é sempre necessário. Quer pela dificuldade probatória, quer pela necessidade de imputar a alguém a responsabilidade por um dano – necessidade essa maior do que a de fazer justiça e condenar apenas o culpado –, o direito contém diversos instrumentos que limitam, em graus variados, o papel da intencionalidade na determinação do delito. É assim que vemos, por exemplo, a figura da responsabilidade objetiva nos ilícitos civis ou mesmo penais, quando tal responsabilidade soaria absurda com relação aos delitos morais.

iv) **Forma de pressão moral**: esta característica se resume no fato de que, se a única forma de pressão para o acatamento de uma regra fossem as consequências desagradáveis ou mesmo a agressão física decorrentes, esta poderia ser uma regra jurídica, mas nunca uma regra moral. Isto porque embora tais ameaças possam fazer parte da pressão social exercida em torno da observância das regras morais, elas não podem nunca ser as únicas formas. O apelo consiste no respeito pelas regras como realidades importantes em si mesmas, e "a consciência e a confiança no funcionamento da culpa e do remorso são as formas características e mais salientes da pressão usada para apoiar a moral social" (2007:195).

Essas quatro características servem, na visão de Hart, para distinguir as regras morais não só das regras jurídicas, como de outras formas de regra social, como o costume, a etiqueta e a tradição (2007:198).

Hart distingue ainda entre moral positiva e moral crítica. Aquela se refere aos padrões de conduta largamente partilhados por uma determinada sociedade, ainda que muitos deles mereçam censura desde uma perspectiva racional ou universalizante. Já a moral crítica seria esse conjunto de padrões de conduta que passou pelo crivo da razão ou da universabilidade, ainda que não sejam encontrados de fato em nenhuma sociedade. A moral crítica seria, assim, o ideal a que a moral positiva deveria aspirar.

Hart diz que alguns autores selecionaram aspectos da moral crítica que devem estar presentes na ordem positiva para que esta receba o nome de moral, como, por exemplo, a justiça, a satisfação de interesses humanos ou ser capaz de sobreviver a alguma outra espécie de crítica racional. Para Hart, porém, bastam aquelas quatro características. Seu conjunto constitui o "conceito" de moral, isto é, o caso central daquele sistema de regras de conduta que denominamos moral.

Nota-se, portanto, que, assim como Hart adota um conceito de direito mais lato, que abranja também regras ou sistemas injustos ou de alguma outra forma imorais, aqui também seu conceito de moral é mais amplo, abarcando padrões ou sistemas que não sobreviveriam ao crivo de uma moral crítica. Nesse sentido, podemos dizer que seu conceito de moral positiva pretende ser puramente descritivo e analítico, tal como o faz no caso do direito[32].

[32] "Adotamos, contudo, intencionalmente, uma visão mais larga de moral, de modo a incluir nela todas as regras e padrões sociais que, na prática efetiva de uma sociedade,

Apesar das diferenças entre direito e moral evidenciadas pelos quatro aspectos acima, Hart reconhece que existe uma vasta área de sobreposição entre as duas esferas. Afinal, como já dissemos no capítulo anterior, parece trivial dizer que moral e direito não são a mesma coisa e é difícil mesmo apontar um autor que tenha afirmado o contrário, isto é, que não tenha percebido qualquer dessemelhança entre regras jurídicas e regras morais. Hart dedica todo o capitulo nove de seu livro para tratar das conexões possíveis e até necessárias entre direito e moral e para dizer em que ponto essa sobreposição não pode ocorrer, enunciando, assim, a sua tese da separabilidade.

3.11 Cinco truísmos sobre a natureza humana

Intitulada "Direito Natural e Positivismo Jurídico", a primeira parte do capítulo nove cuida de tecer algumas considerações sobre aquela escola e compará-la ao positivismo jurídico. Hart afirma que muito do descrédito do jusnaturalismo hoje em dia se deve a uma concepção teleológica do mundo que poucos estariam dispostos a sustentar atualmente. Segundo esta visão, todas as coisas, vivas ou inanimadas, possuem um fim, um *telos* natural, muitas vezes entendido como designado por Deus, mas não necessariamente dependente dessa premissa teológica. Essa visão encontra-se de tal forma arraigada no nosso modo de ver e de descrever o mundo que nos cerca, diz Hart, que ainda pensamos que o "fim" natural de uma semente é de se tornar um carvalho adulto ou que a função do coração é de bombear o sangue para o bom funcionamento do corpo, embora não dizemos que é a função de um tumor canceroso causar a morte. Sem essa visão teleológica das coisas, todos os nossos conceitos de saúde e doença, dano e benefício, perigo e segurança, que fazem parte de nossas convicções mais básicas e sem os quais pouco das relações sociais faria sentido, deixariam de existir.

mostram os quatro aspectos que mencionamos.(...) Fizemos isto não apenas porque o peso do uso da palavra „moral" favorece este significado mais lato, mas porque, se se tomasse o ponto de vista mais restrito, que excluiria esses aspectos, tal forçar- nos-ia a dividir de uma forma muito irrealista elementos de uma estrutura social que funcionam de maneira idêntica nas vidas daqueles que se regem por essa estrutura." (2007:197).

Para essa visão teleológica, ainda, o homem igualmente tem seu fim natural. Todavia, para além da mera sobrevivência biológica, característica que compartilha com os demais seres vivos, ele é dotado de razão, o que lhe permite refletir e desejar estados ótimos de vida. Assim também suas relações sociais visam a um fim mais complexo do que a simples sobrevivência, uma vez que o homem é capaz de vislumbrar e trabalhar por estágios mais avançados de organização coletiva. E o direito, produto dessa organização, não deixa de ter o seu fim, que é o de regular as condutas humanas, promovendo o ideal de justiça.

Hart vê nessa doutrina uma verdade óbvia, que explicaria sua persistência nos nossos modos de encarar o mundo. De fato, lutamos pela sobrevivência e pouco ou nada de todas as construções humanas faria sentido se o desejo de suicídio fosse a regra. E é óbvio também que o direito, se pretende regular a sociedade humana, precisa proteger a necessidade de sobrevivência. Dessa forma, Hart reconhece na doutrina clássica do direito natural um "núcleo de bom senso" (2007:215), expresso nos seguintes cinco truísmos acerca da natureza humana:

i) **Vulnerabilidade humana:** somos fisicamente bastante vulneráveis e, portanto, qualquer sistema de regras que pretenda regular a convivência humana precisa necessariamente de conter fórmulas proibitivas que impeçam os homens de se atacarem mutuamente. Daí ser o preceito "não matarás" a regra mais básica e mais característica tanto do direito quanto da moral.

ii) **Igualdade aproximada:** a despeito das dessemelhanças entre as capacidades físicas e intelectuais dos homens, somos iguais o bastante para concluir que "mesmo o mais forte tem de dormir de vez em quando e, quando adormecido, perde temporariamente a sua superioridade." (2007:211). Este fato torna óbvia a necessidade de um sistema de abstenções recíprocas que está na base de qualquer obrigação, seja jurídica ou moral.

iii) **Altruísmo limitado:** somos dotados de um altruísmo limitado, o que quer dizer que não somos nem anjos nem demônios. Uma sociedade de anjos não precisaria de regras exigindo abstenções; numa sociedade de demônios, dispostos a fazer o mal a qualquer custo, elas seriam impossíveis. Sendo o homem como é, seu altruísmo é limitado e intermitente, e sua tendência à agressão é bastante frequente para exigir o controle, simultaneamente por regras jurídicas e morais.

iv) **Recursos limitados:** vivemos num mundo de recursos escassos e precisamos deles para sobreviver. Faz sentido, portanto, que ao menos alguma forma de propriedade seja garantida, ainda que coletivamente.

v) **Compreensão e força de vontade limitadas:** a maioria de nós compreende as vantagens de viver num sistema de restrições recíprocas. No entanto, nossa força de vontade de viver uma vida reta é limitada e todos podemos sucumbir à tentação de fazer prevalecer nossos próprios interesses à custa do prejuízo alheio. Por isso, as sanções são indispensáveis – não, como em Kelsen, como sendo a própria norma jurídica (não há norma sem sanção) –, mas como uma *garantia* de que os interesses dos indivíduos que obedecem voluntariamente não sejam sacrificados em benefício daquela minoria que não obedece. "Dado este perigo constate, o que a razão pede é a cooperação *voluntária* num sistema *coercivo*." (2007:214).

Todos esses cinco truísmos são, na visão hartiana, meramente contingentes. Se desenvolvêssemos uma máquina que ilimitadamente e sem custos sintetizasse todos os bens de que precisamos para sobreviver, temos razões para crer que grande parte de nossas regras de proteção à propriedade deixaria de existir. Se fôssemos imortais e invulneráveis, a parte mais elementar do direito penal e também da moral perderia sua razão de ser. E assim sucessivamente com relação aos demais truísmos.

Hart, ao conceder esse "núcleo de bom senso" à doutrina jusnaturalista, ressalva que é um conteúdo tão mínimo que comporta muita iniquidade. Uma sociedade que não tivesse qualquer proibição do homicídio, por exemplo, não teria condições de subsistência. Todavia, a regra geral pode perfeitamente ser excepcionada por penas de morte em casos considerados graves, em períodos de guerra ou mesmo em relação a certos membros da sociedade considerados inferiores, como em uma sociedade escravocrata ou no período de extermínio de judeus pela Alemanha nazista; a propriedade pode ser relativizada diante da necessidade de tributação ou de distribuição de renda e a igualdade pode ser garantida apenas à parcela livre, masculina e adulta de uma sociedade.

Ainda assim, o reconhecimento, por parte de Hart, de um conteúdo necessário ao direito, mesmo que mínimo, já o coloca a grande distância da tradição positivista clássica, para a qual, em regra, qualquer conteúdo pode ser jurídico. É importante notar a razão que leva Hart a fazer esse acerto de contas com o jusnaturalismo. Em suas palavras: "Os truísmos simples que discutimos não revelam apenas o núcleo de bom senso na doutrina do direito natural. São de importância vital para a compreensão do direito e da moral e explicam por que razão a definição das formas fundamentais destes em puros termos formais, sem referência a nenhum conteúdo específico ou a necessidades sociais, se tem mostrado tão inadequada" (2007:215). Ou seja, um conceito de direito que inclua esse conteúdo mínimo é superior a um que não o faça, porque consegue dar conta de descrever o fenômeno jurídico com mais fidelidade. Afinal, todos os sistemas jurídicos têm mostrado esse conteúdo e seria no mínimo incompleta uma abordagem que não o contemplasse.

Em outras palavras, Hart percebeu a deficiência de um conceito absolutamente positivista, em sentido clássico, para a adequada descrição do fenômeno jurídico. Todavia, ao dar esse passo além, pára nos cinco truísmos sobre a natureza humana, isto é, nesse conteúdo mínimo de direito natural. Por quê? Por que não ir ainda adiante?

Hart apresenta dois tipos de argumento em defesa de seu conceito: um é o argumento metodológico, no sentido de que ele é o que melhor descreve a realidade. Este argumento, porém, pode encontrar a objeção de um jusnaturalista, por exemplo, alegando que um conceito de direito assim tão restrito é inferior, em termos de poder descritivo, a um conceito jusnaturalista que inclua um *telos* moral àquela prática social. Hart não elabora essa defesa metodológica, indo encontrar em outro tipo de argumento a resposta definitiva ao desafio jusnaturalista. Ele irá recorrer, no fim, aos *méritos morais* de se adotar uma postura positivista, como se verá logo adiante. Antes, porém, é preciso continuar a análise de Hart acerca das possíveis conexões entre direito e moral.

3.12 Outras conexões necessárias entre direito e moral

Além desse conteúdo mínimo de direito natural presente em qualquer sistema jurídico, Hart analisa seis formas de pretensão de que exista uma "conexão necessária" entre direito e moral.

i) **O poder e a autoridade.** A primeira dessas formas diz respeito à autoridade do direito. Um sistema dependente apenas do uso da força estaria fadado ao fracasso sendo, portanto, verdade que "o poder coercitivo do direito pressupõe a sua autoridade aceite" (2007:219). Todavia, Hart insiste em que autoridade aceite não equivale a direito moralmente vinculante, uma vez que outras considerações que não morais podem levar o indivíduo a ser leal ao sistema, até mesmo uma atitude não crítica, tradicional ou herdada.

ii) **A influência da moral sobre o direito.** O direito de todos os Estados modernos apresenta traços muito marcantes que espelham a moral positiva. Não há dúvidas de que a moral exerce forte influência sobre o direito, desde normas constitucionais principiológicas até a introdução de padrões morais de equidade na condução do processo judicial. Hart afirma que nenhum positivista poderia negar até mesmo que a estabilidade do sistema jurídico depende em parte de tais tipos de correspondência com a moral (2007:220). Mas o grau dessa correspondência é contingente, variável e, ainda, pode comportar muita iniquidade quando a moral positiva for racista, preconceituosa, desigual, em uma palavra, injusta.

iii) **A interpretação.** A aplicação das leis aos casos concretos depende de interpretação e este é o momento em que o magistrado deve demonstrar certas virtudes judiciais, como a imparcialidade e a neutralidade, a igual consideração dos interesses em jogo e a preocupação com a fundamentação racional de sua sentença, a qual deve satisfazer a algum princípio geral, intimamente ligado à moral. Aqui, novamente, um positivista deve estar disposto a reconhecer e aceitar essa forma de conexão entre direito e moral, com a ressalva de que essas virtudes têm sido trazidas à lembrança sobretudo pelos críticos que vêem na criação de direito por via judicial uma atividade "freqüentemente cega relativamente aos valores sociais, „automática" ou inadequadamente racional" (2007: 221).

iv) **A crítica do direito.** A quarta pretensão analisada por Hart diz respeito à crítica do direito, isto é, à afirmação de que um *bom* sistema jurídico deve se conformar em certos pontos com as exigências da justiça e da moral. O primeiro problema que tal pretensão enfrenta é o tipo de moral cuja correspondência se exige. Trata-se de uma moral positiva, aquela aceite pelas convenções do grupo ao qual o direito se aplica – e que comporta, como dito acima, muita iniquidade –, ou de uma moral crítica, baseada em princípios racionais, esclarecidos? Se for esta última, Hart recorre aos fatos para argumentar que muitos "sistemas jurídicos internos, com a sua estrutura característica de regras primárias e secundárias, subsistiram durante longos períodos, embora tratassem com desprezo estes princípios de justiça." (2007:222).

v) **Princípios de legalidade e justiça.** Pode-se dizer que a ideia mesma de um controle social através de regras esteja estreitamente relacionada com ideais de justiça, pois toda vez que o comportamento humano é regulado por padrões gerais anunciados previamente e aplicados por via judicial, está necessariamente realizado um mínimo de justiça. Lon Fuller, implicitamente citado nessa passagem, chama esses aspectos do controle por regras de "princípios da legalidade" ou, em outros, trechos, de "moral interna do direito"[33]. Hart também reconhece essa conexão com a moral, ressalvando, novamente, sua compatibilidade com muita iniqüidade (2007:223).

Antes de comentar a sexta forma de pretensão analisada por Hart, detenhamo-nos por um instante nas cinco acima. Hart as trata como pretensões quanto ao conteúdo do direito. Notemos a semelhança nas defesas: não é difícil encontrar argumentos fáticos de poucas linhas que demonstre a grande iniquidade que essas conexões são capazes de comportar. O que Hart está dizendo, portanto, é que tais conexões existem, mas não são capazes de garantir um *conteúdo* justo da regra ou do sistema jurídico como um todo. Esta, porém, não parece ser a objeção mais séria ao positivismo. Mesmo o jusnaturalismo contemporâneo, ao menos em suas formas mais sofisticadas teoricamente, está preparado para reco-

[33] Ver Lon L. Fuller, *The Morality of Law*, New Haven, Yale, ed. rev. 1969 (1ª ed. 1964), pp. 33 e ss.

nhecer a validade jurídica de certas regras cujo conteúdo seja manifestamente iníquo[34].

Até aqui e, na verdade, até o pós-escrito publicado em 1994, Hart não enfrenta a questão muito mais frutífera que algumas dessas pretensões apresentam e que diz respeito não ao conteúdo do direito, mas ao próprio direito enquanto um sistema de regras e ao princípio da legalidade que o perpassa, na visão positivista, como um valor moral. Este é, na realidade, o desafio apresentado por Lon Fuller, que Hart responde na forma simples "mas o princípio da legalidade comporta muita iniquidade"[35]. O ponto a ser salientado aqui, e que será elucidado mais adiante, é que separar direito e moral é uma *virtude* para o positivista, não uma constatação fatual de como os sistemas jurídicos, ou os casos centrais de sistemas jurídicos, realmente são. A discussão do pós-escrito merecerá um capítulo próprio. Concluamos, agora, a sexta pretensão analisada por Hart de que exista uma conexão necessária entre direito e moral.

3.13 Méritos de uma concepção positivista de direito

vi) **Validade jurídica e resistência ao direito.** Se todas as cinco pretensões acima jamais foram negadas, segundo Hart, por algum positivista, em que consistem, então, as famosas postulações tais como "a existência do direito é uma coisa; o seu mérito ou demérito, outra" (Austin, 1995:157) ou que "as normas jurídicas podem ter qualquer espécie de conteúdo" (Kelsen, 2000:221)? Quero chamar a atenção para a resposta que Hart oferece a essa pergunta, formulada por ele mesmo, no sentido de que esses pensadores estavam preocupados em "promover a clareza e a honestidade na formulação das questões teóricas e morais suscitadas pela existência de leis concretas que eram moralmente iníquas, mas foram legisladas de forma devida (...)" (2007:223-24). Para ele, o que está em jogo é o *mérito* de um conceito de direito mais amplo, que inclua um sistema de regras primárias e secundárias, ainda que algumas

[34] Ver, por exemplo, John Finnis, *Lei natural e direitos naturais*, São Leopoldo, Unisinos, 2006, capítulos 1- 4 e Neil MacCormick, *Natural Law and the Separation of Law and Morals*, in Robert P. George (ed.), *Natural Law Theory: Contemporary Essays*, Oxford, Clarendon Press, 1992, pp. 105-33

[35] Ver discussão mais adiante, nos *Ensaios em Teoria do Direito e Filosofia*.

delas ofendam a moral da sociedade ou mesmo uma moral esclarecida, em detrimento de um conceito mais restrito que lhes negue o título de regras jurídicas. Além disso, haveria *méritos* práticos em um conceito mais amplo. Quando a autoridade nos exige uma conduta imoral, seria melhor pensarmos "isto não é direito" ou, ao invés, "isto é direito, mas é iníquo demais para ser obedecido"? Qual dessas duas atitudes oferece um critério mais racional e factível para o agir? A pergunta é retórica e já sabemos a resposta de Hart:

> "O que seguramente é mais necessário para dar aos homens uma visão clara, quando enfrentarem o abuso oficial do poder, é que preservem o sentido de que a certificação de algo como juridicamente válido não é concludente quanto à questão da obediência e que, por maior que seja a aura de majestade ou de autoridade que o sistema oficial possa ter, as suas exigências devem no fim ser sujeitas a exame moral" (2007:226-27).

Trata-se de uma postulação normativa, sobre o *mérito* de um conceito em relação ao outro. Seus argumentos a favor de um conceito mais amplo, tal qual o que oferece – onde critérios de conformidade com a moral não são condições *sine qua non* para a validade jurídica –, são também argumentos normativos, no sentido do que *é melhor,* em sua visão. Mas então precisamos perguntar: são normativos em que sentido de normatividade? No sentido fraco, kuhniano, de que a melhor teoria é aquela que apresenta os valores da acuidade, consistência, amplitude de escopo, simplicidade e capacidade de gerar frutos (os cinco critérios kuhnianos que orientam a escolha entre teorias)? Se for esse o sentido, então se trata de uma defesa metodológica de seu conceito de direito e a neutralidade de seu projeto, no sentido relevante, estará mantida. Aliás, é o que Hart parece estar dizendo quando afirma "o que está realmente em jogo é o mérito comparado de um conceito ou modo de classificar regras mais amplo e de um mais restrito (...). Ao fazermos uma escolha racional entre estes conceitos, tem de ser porque um é superior ao outro na maneira por que ele auxiliará as nossas pesquisas teóricas, ou fará avançar e clarificará as nossas deliberações morais, ou contemplará ambas." (2007:225). Apesar de essa última parte falar em avançar e clarificar nossas deliberações morais – há ainda vários outros exemplos de méritos "práticos", no sentido de razão prática, de guiar a conduta humana, nesse mesmo capítulo[36] –, parece certo que Hart está consciente dos méritos metodológicos de seu conceito de direito.

Para Hart, um conceito mais amplo permite que estudemos "quaisquer aspectos específicos que as leis moralmente iníquas tenham, bem como a reação da sociedade contra estas... O estudo do seu uso envolve o estudo do seu abuso." (2007:226). No entanto, ainda que nos detenhamos nesse argumento teoricamente normativo, existe o problema da escolha do caso central. Será dedicado um capítulo para o estudo pormenorizado dessa problemática, mas mesmo aqui já temos elementos para questionar por que o exemplo do direito nazista, dado por Hart nessa passagem, como um direito injusto, mas válido, deveria ser tomado como um caso central. Não seria ele um caso de fronteira ou de penumbra? Certamente não há problema teórico em se considerar como direito aquele ordenamento jurídico repleto de leis iníquas, assim como não há problema em se chamar de direito um ordenamento internacional pouco organizado, sem as três formas de regras secundárias enunciadas por Hart. De certo, haverá utilidade em se estudar esses sistemas e muito a ser aprendido. Mas não deveríamos dizer: "tal ordenamento é direito, mas não é esse o caso central do direito"? A maioria absoluta dos ordenamentos jurídicos modernos não é como o nazista e se esforça para excluir qualquer dispositivo que possa remeter novamente a essa experiência. Então porque tomar um ordenamento sem conexão com uma moral crítica – o que não é a regra no mundo jurídico moderno – como o caso central do conceito de direito? Voltarei a essas questões mais adiante e os textos hartianos em direito penal nos serão de valiosa contribuição.

[36] Hart dá o exemplo dos tribunais de exceção do pós-Guerra, que puniram pessoas por condutas que, à época, não eram criminosas, porque em conformidade com a lei nazista, e afirma: "Um conceito de direito, que permita a distinção entre a invalidade do direito e a sua imoralidade, habilita-nos a ver a complexidade e a variedade destas questões separadas, enquanto que um conceito restrito de direito que negue a validade jurídica às regras iníquas pode cegar-nos para elas. (...) Pelo menos pode ser reivindicado a favor da doutrina positivista simples que as regras moralmente iníquas podem ainda ser direito, e que tal não mascara a escolha entre males que, em circunstâncias extremas, pode ter de ser feita." (2007:227-28).

3.14 Conclusão

Estas são as linhas principais do projeto positivista de Hart, aqui apresentado de forma bastante sumária. Procurou-se mostrar, através de sua obra mais importante, quais as principais teses que o levaram a ocupar um local de destaque na teoria do direito contemporânea, abrindo uma nova agenda de debates e distanciando-o de uma longa tradição positivista até então predominante.

Apesar de muitas diferenças, decorrentes da introdução dos progressos da filosofia da linguagem do século XX no campo do direito, Hart ainda afirma fazer "sociologia descritiva", isto é, uma abordagem avalorativa do direito, buscando estudá-lo como ele é, independentemente de críticas quanto ao que ele deveria ser, como já postulavam os primeiros positivistas.

Dissemos que o raciocínio deste trabalho precisará demonstrar que, embora Hart declare bases avalorativas, seus argumentos em defesa da tese da separabilidade não são metodológicos, mas normativos, no terceiro sentido de normatividade que apresentamos. Alguns exemplos já foram extraídos e discutidos nessa breve retomada de *O conceito de direito*. Há, porém, ainda muitos outros no conjunto de sua bibliografia. A segunda parte deste trabalho se dedicará precisamente ao estudo dessas defesas do positivismo jurídico e da tese da separabilidade presentes em outros textos de Hart, muito menos conhecidos de seus leitores e menos estudados nos círculos acadêmicos, mas de importância fundamental para a compreensão de seu sistema de pensamento.

SEGUNDA PARTE

DEFESAS DO POSITIVISMO E DA TESE DA EPARABILIDADE

4.
CONSIDERAÇÕES INICIAIS

Esta segunda parte do trabalho será dedicada ao estudo das diversas formas de defesa do positivismo jurídico e da tese da separabilidade presentes na vasta bibliografia de Hart. O objetivo é o de conhecer o pensamento hartiano acerca desse tema em seu conjunto, isto é, como um sistema de pensamento, para que ao final tenhamos elementos sólidos para a discussão do argumento central.

No capítulo IV, serão revisitados três artigos, todos compilados no livro *Ensaios em Teoria do Direito e Filosofia*. São artigos importantíssimos sobre o tema da separabilidade, onde Hart enfrenta diretamente o assunto e apresenta os argumentos que considera mais poderosos e convincentes em defesa da neutralidade moral do positivismo jurídico. No capítulo seguinte, serão objeto de nossa atenção os seus *Ensaios sobre Bentham*, onde a influência deste autor sobre o modelo positivista de Hart deverá ficar clara.

Sustentarei que todos esses argumentos são de natureza normativa, apelando sempre aos méritos morais de tal concepção do direito. Mas, em defesa de Hart, poder-se-ia questionar quais são os argumentos verdadeiramente metodológicos, moralmente neutros, apresentados em sua obra. O Pós-escrito a *O conceito de direito*, texto póstumo no qual Hart procura formular respostas a diversos ataques dirigidos contra a sua teoria, pode ser entendido como um esforço nesse sentido. O desafio de defender a neutralidade de qualquer empreendimento teórico em direito havia sido colocado de maneira bastante clara, nas décadas que se seguiram à publicação de *O conceito de direito,* por críticos como Ronald Dworkin, e é neste Pós-escrito que Hart inicia a tarefa de enfrentá-lo, falecendo, no entanto, antes de vê-la concluída.

Além desse texto, porém, o próprio método de estudo do direito empregado por Hart, o método hermenêutico, pode ser entendido, ele mesmo, como a maior defesa metodológica do positivismo jurídico e da tese da separabilidade entre direito e moral, como já havia sinalizado na Introdução. O estudo do que consiste esse método e os argumentos de Hart presentes no Pós-escrito serão objeto do último capítulo desta segunda parte.

5.
ENSAIOS EM TEORIA DO DIREITO E FILOSOFIA

Em 1983, Hart publica o livro *Ensaios em Teoria do Direito e Filosofia*[37], uma coletânea de artigos escritos ao longo de duas décadas, abrangendo desde um texto do início de sua carreira em *Jurisprudence*, como também artigos mais recentes, posteriores a *O conceito de direito*. São todos muito importantes para a compreensão do pensamento hartiano, sua posição diante de escolas opostas, como o Realismo, e mesmo suas divergências teóricas em relação a outros positivistas, como é o caso de um artigo dedicado a Kelsen.

O livro ainda conta com uma introdução, na qual Hart não só tece reflexões importantes sobre possíveis correções de seus argumentos, mas também onde reafirma vigorosamente posições então defendidas. Este é precisamente o caso de sua negação de que existam conexões necessárias relevantes entre o direito e a moral: "Espero não estar simplesmente cego por uma obstinação natural ou pela idade ao aderir, ainda, a essas posições agora muito criticadas" (1983:6). Isto porque "a ênfase positivista na elucidação do conceito de direito sem referência aos valores morais que ele pode ser usado para promover **parece-me oferecer melhores garantias de um raciocínio claro**" (1983:12, destaquei).

Três são os artigos que cuidam da defesa do positivismo e da tese da separabilidade entre direito e moral, os quais serão analisados na ordem cronológica em que vieram a público. O primeiro deles é *Positivismo e a separação entre direito e moral*, publicado em 1958. Em seguida, *Lon L. Fuller: a moralidade do direito*, uma resenha, de 1965, do livro de mesmo nome de Fuller publicado no ano anterior e que pode ser vista como uma finali-

[37] *Essays in Jurisprudence and Philosophy*, Oxford, Oxford University Press, 1983.

zação dos termos de um longo debate entre os dois autores em torno da tese da separabilidade. Por fim, *Problemas de filosofia do direito*, publicado em 1967, o qual retoma a discussão anterior com Lon Fuller, embora não o cite textualmente, concedendo, ao fim, a existência de uma "moralidade interna do direito".

5.1 Positivismo e a separação entre direito e moral

Antes da publicação de *O conceito de direito*, Hart publica na prestigiosa *Harvard Law Review*, em 1958, *Positivismo e a separação entre direito e moral*[38]. Este é sem dúvida um dos artigos mais reveladores para os propósitos deste trabalho, pois é nele que Hart declara sua afinidade com a doutrina utilitarista da separação entre direito e moral tal qual exposta por Bentham e, em menor grau, por Austin, defendendo-a de vários tipos de objeção levantados ao longo da história.

A primeira dessas objeções consiste numa imagem negativa que se associou aos positivistas em geral. Se antes foram os jusnaturalistas os acusados de confundirem a moral e o direito, atrasando a evolução da ciência jurídica e permitindo a interferência perniciosa de uma filosofia moral controvertida na determinação do que é o direito, hoje são os positivistas os acusados de insistir em uma separação que é superficial e, em última análise, errada. Portanto, a ortodoxia do debate em teoria e filosofia do direito, diz Hart, claramente mudou de lado. Este artigo pode ser lido como um texto engajado de defesa e tributo desses dois utilitaristas e positivistas do século XVIII, Bentham e Austin, procurando deixar claro que eles, ao insistirem na distinção entre o "direito que é" e o "direito que deve ser" – como uma condenação aos jusnaturalistas por obscurecerem uma distinção tão simples, mas vital –, estavam longe de se identificarem com a imagem muitas vezes excessivamente conservadora e formalista que se atribui hoje àqueles que defendem sua doutrina.

Para levar a cabo essa defesa, Hart julgava importante conhecer e retomar a filosofia moral, utilitarista, que embasava todo o pensamento desses autores, inclusive sua teoria do direito e, conseguintemente, seu positivismo jurídico e a tese da separabilidade a ele associada. É com

[38] *Positivism and the Separation of Law and Morals*, publicado primeiramente na *Harvard Law Review*, vol. 71, Feb. 1958.

essa filosofia moral em mente que Hart afirma: "Ninguém jamais combinou, com uma sanidade tão equânime como os utilitaristas, a paixão pela reforma em respeito ao direito com o reconhecimento da necessidade de controlar o abuso de poder mesmo quando o poder está nas mãos dos reformadores." (1983:51).

E conclui: "Portanto Bentham e Austin não eram secos analistas desperdiçando tempo com distinções verbais enquanto cidades ardiam, mas eram a vanguarda de um movimento que trabalhou com uma intensidade apaixonada e muito sucesso para tornar real uma sociedade melhor, bem como leis melhores." (1983:52).

É importante notar como o positivismo jurídico aqui é apresentado como parte da filosofia social desses primeiros utilitaristas, isto é, como uma teoria que proporciona o maior agregado de utilidade[39]. Assim, os célebres motes "a existência do direito é uma coisa; seu mérito ou demérito, outra", de Austin, e "obedecer pontualmente; censurar livremente", de Bentham, ambos têm como razão de ser "possibilitar que os homens vejam com retidão as questões precisas postas pela existência de leis moralmente más e entendam o caráter específico da autoridade de uma ordem jurídica" (1983:53).

Tanto é assim que Bentham não trazia razões metodológicas para a adoção de uma abordagem positivista que separasse o direito da moral. Seu receio era de que a confusão dessas duas ordens pudesse oferecer dois tipos de ameaça: por um lado, a anarquia, sempre que a autoridade da lei e do direito puder ser confrontada com expectativas de como o direito deveria ser e fosse por elas derrogadas ("esta lei é imoral, logo não é lei"); ou, por outro lado, o conservadorismo extremo, uma vez que o direito existente suplantaria a moral enquanto teste último de conduta, escapando à crítica ("tudo o que é direito tem de ser moral; logo, devo obedecer"). Em outras palavras, Bentham aludia sempre às razões utilitaristas para se manter essa distinção.

39 Mais será dito a esse respeito quando analisarmos os *Ensaios sobre Bentham*. Ali, afirmo que Gerald Postema, estudioso de Bentham, argumenta com propriedade que Bentham não tinha total consciência, como têm os positivistas contemporâneos, da distinção entre uma descrição do direito tal como ele é e seus argumentos sobre o que torna o direito mais útil ou benéfico.

Hart continua sua defesa dos positivistas afirmando que, no século seguinte ao de Austin, um grande número de publicações veio à luz na Inglaterra na área da teoria do direito e, em todos eles, seguindo a esteira iniciada por esse autor, a separação utilitarista entre direito e moral foi tratada como algo "que possibilita aos juristas obterem uma nova claridade" (1983:55).

A defesa que Hart apresenta desses primeiros utilitaristas é reveladora de sua própria filosofia moral e das bases que sustentam a sua teoria do direito. Isto porque Hart não está apenas defendendo os utilitaristas como quem pretende corrigir uma injustiça da História, embora ele mesmo já não concorde com aquela filosofia. Trata-se de subscrever a validade da tese da separabilidade ainda hoje com os mesmos argumentos morais de antigamente.

5.2 Crítica dos Realistas e dos CLS

Com essa linha de argumentação, benthamiana em natureza, Hart passa a contrapor outras formas de críticas, como aquela desenvolvida pelos Realistas da década de 1930, e retomada posteriormente pelos *Critical Legal Studies.* Os Realistas, segundo Hart, tiveram um importante papel em chamar a atenção da teoria do direito para o que acontece nos tribunais quando estes se deparam com os chamados "casos de penumbra", isto é, casos em que existe indeterminação da regra jurídica a ser aplicada. Mas, se o direito "silencia" e o juiz precisa decidir, como, então, avaliar a correção dessa decisão judicial sem recorrer a critérios que remetem a como o direito "deveria ser"? Essa indagação, direcionada aos "formalistas" (equivocadamente associados aos "positivistas"[40]), derrubaria a

[40] Por formalista entende-se, neste contexto, o jurista que sustenta haver sempre uma resposta certa para todos os casos, em virtude da completude formal do ordenamento jurídico. Apesar de essa ideia de "completude" ser frequentemente identificada com o positivismo jurídico, isto é em geral um equívoco. Isto porque ícones do positivismo, como Kelsen e o próprio Hart reconhecem o exercício do poder discricionário do juiz em casos controvertidos como uma prática inevitável. Devemos lembrar que, no caso de Hart, a própria textura aberta da linguagem, senão outro motivo, frustraria qualquer pretensão formalista. Por outro lado, podemos encontrar, por exemplo, formalistas entre os jusnaturalistas, quando para eles houver sempre uma resposta certa em virtude da existência de princípios de direito natural, que vinculariam a decisão.

pretensa separação ente direito e moral, uma vez que faz parte da rotina dos tribunais enfrentar casos em que não há uma regra jurídica específica aplicável e sempre, nesses casos, se recorre a outros padrões de correção que não são jurídicos e, portanto, só podem ser morais.

Hart apresenta três argumentos em resposta. Em primeiro lugar, juristas como Austin dificilmente poderiam ser acusados de ignorarem o problema da "área de penumbra". Sua teoria analítica do direito já estava bem ciente da natureza aberta ou vaga da linguagem e reconhecia que os juízes legislavam onde a regra não era clara ou inexistia. Em segundo lugar, os realistas criticavam os formalistas por insistirem numa separação entre direito e moral que não existe e, com isso, criarem uma jurisprudência mecanizada, cega aos valores e anseios sociais e, pior ainda, contraditória, pois que nos casos difíceis a distinção cai por terra: o juiz é sempre obrigado a recorrer a padrões morais para decidi-los. Hart argumenta que essa crítica não refuta a distinção entre direito e moral, mas antes a utiliza: poucos juristas estariam dispostos a negar que essas decisões, por piores que possam ser, são jurídicas e fazem parte de um sistema jurídico, ou seja, reconhecem que o direito existente

é diferente do direito que deveria existir. Em terceiro e último lugar, Hart afirma haver vários sentidos que podem ser atribuídos à expressão "direito como deveria ser".

O *dever ser* (*ought*) simplesmente aponta para um padrão de correção, que pode ou não ser moral. Quando dizemos "não deves matar", certamente estamos emitindo um juízo moral; mas o mesmo não se poderia dizer de um enunciado como "deveria ter-lhe dado mais uma dose de veneno". O argumento aqui é que decisões bem fundamentadas e inteligentes – opostas a decisões "mecânicas" ou "formalistas" – não coincidem necessariamente com decisões defensáveis em bases morais. Pode-se afirmar que uma decisão está correta, que é como "deveria ser", querendo dizer apenas que algum propósito ou política convencionalmente aceita foi levada em consideração e promovida pela sentença. Isto não seria o mesmo que endossar qualquer propriedade moral dessa política ou da decisão. Este é um argumento, a meu ver, poderoso em defesa do positivismo e da tese da separabilidade. No caso do envenenador dado acima, a proposição "deveria ter-lhe dado mais uma dose de veneno" não é normativa, no sentido de prescrever uma ação, um dever- ser? Mas certamente não é moral. Então pode haver atividades teleológicas, isto é, que visam a um fim, sem que necessariamente tenham qualquer conexão com a moral? E, caso afirmativo, poderia ser o direito uma dessas atividades? É possível pensar num fim, numa finalidade do direito, com relação a qual podemos dizer que uma decisão foi como deveria ser, sem que com isso estejamos implicando qualquer conexão com a moral? Essas indagações receberão uma atenção especial mais adiante, mas pode-se dizer, desde logo que, se é possível pensar numa finalidade "amoral" do direito, Hart não a apresentou em nenhum momento, o que ficará bem claro conforme avançarmos no estudo de sua obra. Muito ao contrário, Hart possui uma visão do direito intimamente ligada à ideia de ordem, de legalidade como fins – valores que dificilmente se poderia dizer serem amorais –, visão essa decorrente de sua filosofia, como dito, de influência benthamiana.

Prosseguindo no estudo deste artigo, iremos encontrar o posicionamento de Hart acerca dos dilemas teóricos e morais que surgiram no pós-Guerra, em decorrência dos abusos perpetrados pelo regime nazista, posicionamento que irá reafirmar em diversas outras passagens de sua obra.

5.3 Nazismo e crítica de Gustav Radbruch

Hart se propõe a defender o positivismo e a tese da separabilidade de ainda outra objeção, aquela construída por Gustav Radbruch. Trata-se de um argumento que, se por um lado é menos intelectualizado, por outro tem a força persuasiva de um verdadeiro manifesto escrito por um ex-positivista. Sabe-se que Radbruch, após o término da Segunda Guerra Mundial, que vitimou seu filho no fronte russo, distribuiu um panfleto aos alunos da Universidade de Heidelberg intitulado *Cinco Minutos de Filosofia do Direito*. Nele, o positivismo jurídico é diretamente acusado de ter permitido o regime nazista ao consubstanciar o *slogan* "*Gesetz als Gesetz*" e assim impedir qualquer protesto contra as monstruosidades exigidas em nome da lei[41].

[41] "Esta concepção de lei e sua validade, a qual denominamos de teoria positivista, deixou indefesos o jurista bem como o povo contra as leis mais arbitrárias, mais cruéis e mais criminosas. Ela equipara, em última análise, o direito e a força: apenas onde há força, há

Seu posicionamento, reformado após essa tragédia pessoal, era o de que princípios fundamentais de uma moral humanitária constituíam o próprio conceito de *Recht* e que nem a legalidade nem outro ato positivado de direito, não obstante expresso de forma clara e obedecendo a critérios formais de validade internos ao sistema jurídico, poderia ser válido se infringisse esses princípios básicos de moralidade.

A primeira consideração de Hart é no sentido de se perguntar por que um *slogan,* que no passado serviu a reformas liberais filhas de um Iluminismo, viria a assumir um caráter tão sinistro na Alemanha nazista. Em seguida, Hart utiliza novamente uma defesa benthamiana afirmando que a validade da lei, inobstante sua aura de autoridade, não é conclusiva quanto à questão da obediência, esta devendo ser deixada ao arbítrio moral de cada indivíduo. A atitude correta seria nos perguntarmos: isto é lei? (está conforme aos critérios de validade do sistema?). E então dizer: sim, isto é lei, mas é demasiado iníqua para ser obedecida. Esta forma analítica de compreensão dessas duas realidades – a validade e a moralidade da lei – permitiria maior clareza ao enfrentar as difíceis decisões apresentadas por sistemas jurídicos moralmente corrompidos como o nazista: "Se, com os utilitaristas, nós falarmos abertamente, diremos que as leis podem ser direito, mas demasiadamente malévolas para serem obedecidas. Esta é uma condenação moral que qualquer um pode entender e que faz um apelo imediato e óbvio à atenção moral" (1983:77).

Ao contrário, defender a tese de Radbruch nos deixaria dependentes de uma filosofia controvertida (*disputable philosophy*) acerca das condições de objetividade e validade dos juízos morais. A preocupação dos utilitaristas, e com eles, do positivismo de Hart, é desenvolver uma teoria do direito que prescinda desses critérios controvertidos, isto é, que possa ser independente de uma teoria da justiça subjacente. Trata-se, portanto, de um argumento normativo, e não metodológico, em defesa de uma concepção moralmente neutra do direito.

direito.", em *Fünf Minuten Rechtsphilosophie,* distribuído como folheto aos alunos de Direito de Heidelberg em 1945 e disponível livremente na internet.

5.4 Núcleo de verdade do Direito Natural

No tópico seguinte, Hart expõe o embrião do que seria mais tarde, em *O conceito de direito*, seu reconhecimento de um núcleo de verdade na doutrina do Direito Natural, em virtude das semelhanças básicas, porém contingentes, que todas as sociedades humanas em algum grau compartilham e que formam a razão primeira da própria existência de um sistema jurídico. Além dos cinco truísmos de direito natural que já estudamos no capítulo anterior – referentes à vulnerabilidade humana, à nossa igualdade aproximada, aos recursos limitados de que dispomos e ao nosso altruísmo, entendimento e força de vontade também limitados –, Hart dedica um parágrafo a uma segunda forma de conexão "natural" entre direito e moral que diz respeito a aspectos formais do sistema jurídico e é de se perguntar por que ele também não retomou e aprofundou esse ponto em 1961, como fez com os truísmo de direito material.

De todo modo, Hart reconhece que o significado de um sistema jurídico enquanto consistente em regras gerais – gerais tanto no sentido do conteúdo abstrato da norma, quanto no de impessoalidade dos seus destinatários – conserva um elemento essencial do conceito de justiça que é o tratar igualmente os casos iguais. Seria admitir, em outras palavras, um mínimo de justiça na administração do direito, embora nada se diga quanto ao conteúdo da lei. Este argumento será enfrentado novamente no debate com Lon Fuller, mas neste momento Hart apenas responde, assim como o fará em *O conceito de direito*, que um sistema tal que satisfaça requisitos mínimos de moralidade pode ainda aplicar, imparcialmente, leis hediondas a todos os destinatários, ou excluir de seu campo de proteção uma vasta parcela da população[42].

[42] "Isto é assim porque um sistema que satisfizesse esses requisitos mínimos poderia aplicar, com a mais pedante imparcialidade com relação às pessoas afetadas, leis hediondamente opressivas, e poderia negar a uma vasta população escrava desprovida de direitos os benefícios mínimos da proteção contra a violência e roubo. Aliás, o fedor de uma sociedade assim ainda está em nossas narinas, e argumentar que eles não têm (ou não tinham) um sistema jurídico envolveria apenas a repetição do argumento." (1983:81).

5.5 Lon L. Fuller: A moralidade do direito

Lon L. Fuller é um dos grandes interlocutores de Hart. O chamado debate Hart-Fuller tem seu marco inicial com a publicação do artigo que acabamos de analisar, *Positivismo e a separação entre direito e moral*, na *Harvard Law Review*. No mesmo volume de fevereiro de 1958, Fuller publica *Positivismo e fidelidade ao direito: uma reposta ao Professor Hart.* Em 1961, como vimos, no capítulo IX de *O conceito de direito*, Hart volta a falar do assunto, embora não cite textualmente Fuller. Em 1964, Fuller publica um pequeno livro chamado *A moralidade do direito*, o qual recebe um *book review* de Hart intitulado *Lon F. Fuller: A moralidade do direito*[43], posteriormente reunido nos *Ensaios*. Este artigo, por assim dizer uma finalização dos argumentos do debate, será agora objeto de atenção.

5.5.1 Moralidade interna do direito

Em seu livro, Fuller cria uma alegoria bastante instrutiva, na qual um legislador, Rex, falha por oito sucessivas maneiras em outorgar leis capazes de guiar a conduta humana. A partir desses fracassos, Fuller identifica oito exigências da "moralidade interna do direito", que qualquer sistema jurídico deve buscar satisfazer. Por estas exigências, as regras **devem ser**: 1) gerais; 2) promulgadas, i.e., levadas ao conhecimento dos seus destinatários; 3) prospectivas (em oposição a retroativas); 4) claras e compreensíveis; 5) livre de contradições, e *não devem:* 6) requerer o que é impossível; 7) ser alteradas com muita frequência; e, por fim, deve haver 8) congruência entre o direito e as ações oficiais.

Estes oito princípios, também chamados de "moralidade especial do direito", "direito natural procedimental" ou, simplesmente, "princípios da legalidade", decorrem da visão de direito fulleriana enquanto atividade teleológica (*purposive*) de submeter a conduta humana a um sistema de regras.

Para Hart, tais princípios podem ser de fato encontrados em todos os ordenamentos jurídicos. Todavia, nega que sejam princípios morais, como numa ideia procedimental de justiça, sendo apenas princípios de eficiência, a guiar qualquer atividade teleológica, tal qual poderíamos dizer, no

43 Publicado em *Harvard Law Review*, vol. 78, 1965, pp. 1281-96.

exemplo dado há pouco, que o emprego de um veneno incolor pode ser *melhor* para se atingir o resultado desejado. Ou seja, os "princípios" de eficiência nada têm a ver com a moral nem necessariamente servem para promovê-la. Um sistema iníquo pode empregar com mais eficiência que um sistema justo estes princípios sem qualquer constrangimento quanto ao conteúdo das regras formuladas. O problema, portanto, está na confusão entre a moral e princípios que norteiam qualquer forma de atividade teleológica, da qual até a prática criminosa é um exemplo. Apesar disso, Hart está disposto a reconhecer um mínimo de justiça na aplicação do direito seguindo esses requisitos. Todavia, mais uma vez aparece o argumento de que tais exigências são, não obstante, compatíveis com grande iniquidade.

É interessante atentarmos para a insistência de Hart nesse argumento, que já apareceu antes e ainda será repetido em outros textos. Afirmar que uma atividade pode ser distorcida para a prática de injustiças não prova seu caráter amoral, sua neutralidade. Se retomarmos a ideia de um caso central do direito, devemos perguntar se um sistema que desvirtuasse esses requisitos, de modo a compatibilizar uma grande iniquidade, como argumenta Hart, não seria apenas um caso de penumbra, um caso periférico de direito, e não o seu verdadeiro caso central. Assim, poderíamos perfeitamente aceitar os princípios de moralidade interna do direito de Fuller como princípios morais presentes em todos os ordenamentos, sendo eles parte do caso central do direito, estudando-os, porém, com a ressalva de que, em alguns episódios da nossa história, esses princípios, sozinhos, não foram e não serão capazes de assegurar a justiça plena.

Aliás, pela mesma metodologia de estudo do direito proposto por Hart, podemos perguntar qual é o ponto de vista interno dos participantes do direito quanto a esses princípios de legalidade. Será que nós os encaramos meramente como princípios de eficiência, como instrumentos para que o direito consiga se fazer valer, ou como verdadeiros requisitos mínimos de justiça, identificáveis com a própria ideia de Estado de Direito, à qual todos os Estados modernos prestam ao menos tributo verbal?

Hart parece estar ciente dessa razão moral por detrás de todo sistema jurídico ao afirmar que "a generalidade normal do direito é desejável não apenas por razões de economia, mas porque possibilitará que os indivíduos prevejam seu futuro... esta é uma poderosa contribuição à liberdade e felicidade humanas" (1983:356-57).

Importa, no entanto, refletirmos que, se o argumento de Hart contra o jusnaturalismo de Lon Fuller é mesmo metodológico, moralmente neutro, então ele deveria tê-lo explicado como o produto de uma sociologia descritiva, que procura o caso central de uma prática e que tem como indispensável o estudo do seu ponto de vista interno. Hart, em suas defesas do positivismo jurídico e da tese da separabilidade, não apresentou essa metodologia, mas apenas argumentos que remetem à maior clareza de raciocínio, à melhor forma de defesa contra os abusos do poder, etc., que uma abordagem moralmente neutra do direito poderia promover.

Há, ainda, nessa mesma linha de defesa do positivismo, um último artigo dos *Ensaios* que é preciso analisar.

5.5.2 Problemas de filosofia do direito

Este ensaio foi publicado pela primeira vez em 1967, portanto seis anos após *O conceito de direito*. Não se trata de um artigo muito inovador com relação aos seus demais escritos e Hart no mais das vezes apenas reforça posições já defendidas à exaustão anteriormente. É o caso de seus argumentos em defesa da ideia de que seja possível separar descrição de avaliação do direito. Infelizmente, Hart apenas tomou como inimigo teórico alguma variante muito específica de jusnaturalismo (sua leitura de Fuller, talvez), o que não avança muito os termos do debate já travado em artigos anteriores.

Num primeiro momento, Hart discute novamente os truísmos acerca da natureza humana que demandam um conteúdo mínimo de direito natural material em todos os sistemas jurídicos. É o mesmo reconhecimento de um "núcleo de bom senso" da doutrina do Direito Natural, por existirem características contingentes compartilhadas por todas as sociedades humanas, como a necessidade de proteger a vulnerabilidade do homem em face de atos voluntários de agressão por parte de seus semelhantes e de garantir alguma forma de propriedade, em virtude da escassez dos recursos indispensáveis à sua subsistência, que já estudamos antes.

Num segundo momento, Hart se propõe a cuidar de questões de direito procedimental e reproduz aquelas oito exigências discutidas em seu debate com Lon Fuller, embora aqui não o cite textualmente. A estes princípios de legalidade, Hart ainda adiciona as chamadas "regras de justiça natural", isto é, princípios que exigem dos magistrados e tribunais, ao aplicarem as regras gerais aos casos concretos, agirem sem interesse pessoal no resultado ou qualquer outro preconceito, o que significa, entre outras coisas, ouvir os argumentos e considerar as evidências apresentadas por ambos os lados do litígio, algo que entre nós é conhecido como princípio do contraditório ou, de forma mais geral, como o devido processo legal. Estes dois conjuntos de princípios – os da legalidade e os da justiça natural – definem o conceito de Estado de Direito (*rule of law*) ao qual, como foi dito, os Estados modernos prestam ao menos tributo verbal (*lip service* nas palavras de Hart, 1983:114).

É muito importante destacar que, neste artigo, Hart atribui a esse conjunto de princípios mais do que o mérito de serem "princípios de eficiência", como havia feito em seu debate com Lon Fuller. Do ponto de vista do indivíduo, "eles são mais do que isso: eles são exigidos para que o indivíduo tenha a vantagem de saber, de antemão, as maneiras pelas quais sua liberdade será restringida nas diversas situações em que ele possa se encontrar, e ele precisa desse conhecimento para planejar sua vida" (1983:115). Note-se que se trata de um argumento profundamente liberal, que será mais bem articulado em outros trabalhos, sobretudo nos seus escritos em direito penal e nos seus *Ensaios sobre Bentham*. Aqui, além da economia de palavras, Hart ainda conclui o argumento novamente com a mesma ressalva de que esses princípios são compatíveis com muita iniquidade, exemplos do quê nossa História recente estaria repleta[44], assim como o fez no debate com Lon Fuller.

Tenho me referido com frequência à influência de Bentham sobre o pensamento de Hart. Já se apontou para o fato de que o positivismo jurídico exposto por Bentham fazia parte de uma filosofia moral maior,

[44] "Deve-se tomar cuidado para não se atribuir a esses argumentos mais do que eles de fato provam... esses argumentos não demonstram, e não têm por intenção demonstrar, que será sempre razoável ou moralmente obrigatório para um homem obedecer à lei quando o sistema jurídico lhe oferecer esses benefícios, pois o sistema pode ser iníquo de outras formas: pode negar a uma classe minoritária de escravos mesmo as proteções essenciais do direito ou causar desgraça e injustiça por outras maneiras." (1983:16).

utilitarista, e que ele não deixou claro em sua obra se uma distinção entre o direito tal qual existe e seus argumentos sobre o que torna o direito melhor em termos de utilidade sequer fazia sentido. Parte do argumento central deste trabalho pretende demonstrar que essa filosofia de origens em Bentham também é o móvel do pensamento de Hart e de sua abordagem do direito. No próximo capítulo, portanto, visitaremos os *Ensaios sobre Bentham,* obra importante para a compreensão de Hart, na qual podemos apreciar com clareza a extensão dessa influência.

6.
ENSAIOS SOBRE BENTHAM

Este livro, publicado em 1982, tem uma história interessante. Resumida em breves linhas, nos conta que Hart decidiu se aposentar de sua cadeira em Oxford em 1968, confessando em seus diários uma desconfortável insegurança com relação às suas forças intelectuais e à sua capacidade de contribuir com algo novo para a área da teoria do direito[45]. Todavia, sua aposentadoria lhe daria o tempo necessário para se dedicar a uma ideia que Hart já começara a acalentar em 1965. Desde 1932, a University College London, mantenedora de todos os manuscritos de Bentham, decidiu criar um grande comitê com o objetivo de organizar os papéis deixados pelo autor e disponibilizá-los para publicação. O esforço não foi bem sucedido então e, em 1959, um novo comitê foi instituído e, ao final dos anos 1960, o Bentham Project arrecadara fundos suficientes para arcar com os custos de pesquisadores para organizar e preservar o arquivo. É neste momento que Hart, que já conhecia e tinha contato significativo com o projeto, pode se envolver com ele a ponto de se tornar, em pouco tempo, seu presidente e um de seus maiores arrecadadores de fundos.

Essays on Bentham são o resultado de um monumental trabalho de pesquisa e organização de um material razoavelmente hostil a qualquer sistematização. Bentham não só usava todas as entrelinhas dos papéis como também os preenchia na vertical. Além disso, a imensa quantidade de escritos, nem todos claramente acabados e autorizados para publicação por Bentham, tornavam as incoerências e dificuldades de um estudo verdadeiramente analítico mais frequentes do que se poderia desejar. Tudo

[45] Ver Nicola Lacey, *A Life of H.L.A. Hart: the Nightmare and the Noble Dream*, op. cit.

isso, somado à complexidade do pensamento de um autor de sua envergadura, fazia necessária a existência de um intermediário entre Bentham e seu público. É precisamente essa tarefa, a de ser um "*middle-man*", que Hart abraça nos últimos anos intelectualmente mais férteis de sua vida acadêmica. Conceitos-chave da teoria de Bentham, como direitos, poderes, deveres e obrigações jurídicos, sua crítica aos direitos naturais, seu conceito de soberania e de governo juridicamente limitado bem como de regras enquanto comando e o desenvolvimento de uma lógica da vontade, distinta de uma lógica aristotélica, são todos revisitados por Hart, depurados de forma sistemática e em uma linguagem familiar aos ouvidos contemporâneos. Ao fazer essa "modernização", contudo, Hart deixa claro o papel de Bentham como o fundador da teoria analítica do direito moderna e, em muitos outros aspectos, antecipando revoluções filosóficas de mais de um século adiante, das quais são representativos os trabalhos de Frege, Wittgenstein e Russell.

6.1 Importância dos ensaios

À primeira vista, os *Ensaios* podem se mostrar apenas como textos de apresentação do pensamento de Bentham, um trabalho de intermediação entre ele e o leitor. Todavia, há várias razões para tomá-los como importantíssimos para os propósitos deste trabalho. Em primeiro lugar, a influência exercida por Bentham sobre o pensamento – inclusive a forma de raciocinar – de Hart é inegável e de fácil constatação[46]. Conhecer melhor a matriz do pensamento de um autor certamente derramará luz sobre a natureza de seus argumentos, levando-nos a compreender melhor seu lugar e função dentro de um sistema racional. Assim, reconhecer em Bentham a fonte maior de onde Hart retirava inspiração para sua concepção liberal e positivista do direito e da moral claramente auxiliará o argu-

[46] Neste sentido, sua biógrafa afirma que, "enquanto Herbert rejeitava aspectos centrais da teoria de Bentham – notadamente sua descrição do direito como baseado em comandos do soberano –, a força de sua admiração por Bentham se faz sentir por todo o livro. Herbert admirava seu racionalismo, seu compromisso com a claridade intelectual, sua hostilidade com a argumentação emocional e sua impaciência com os aspectos mistificadores – linguagem técnica, vestimentas arcaicas – de práticas sociais estabelecidas como o direito.", Nicola Lacey, op. cit., 2004, p. 325.

mento deste trabalho sobre a natureza eminentemente normativa da tese da separabilidade hartiana, assim como já o era, de forma mais franca, em Bentham. Poder-se-ia alegar, no entanto, que muitos autores podem ter exercido enorme influência sobre alguém sem que isso necessariamente implique sua concordância ou a continuação de suas ideias. No caso de Hart, porém, as semelhanças entre as suas visões e as de Bentham são tantas que permitiram àquele utilizar-se da análise e crítica minuciosa dos textos como uma oportunidade única de revisão e refinamento de suas próprias ideias, inclusive se detendo, algumas vezes, a responder a críticos mais recentes de seu trabalho. Assim, o que nos interessa nessa obra é menos Bentham e mais o que Hart tem a dizer de si mesmo e de sua teoria ao analisar Bentham.

6.2 Introdução ao livro: méritos do positivismo

Já na introdução ao livro existe uma passagem reveladora na qual Hart afirma que, embora a teoria imperativa de Bentham – sua concepção de direito enquanto comando último de um poder soberano – deva ser descartada, "sua separação conceitual entre direito e moral, sensível a tantas conexões importantes entre eles, parece-me uma característica permanentemente valiosa de seu pensamento que pode e deveria ser mantida quando sua teoria imperativa for descartada." (1982:19). Nesse trecho, Hart fala em "méritos" de uma visão positivista do direito, porque ela não apenas "reproduz a forma pela qual o direito se apresenta a muitos dos sujeitos em sociedades modernas, mas também porque ela permite a construção de uma teoria geral do direito aplicável a sistemas jurídicos, seja qual for sua qualidade moral, justiça ou injustiça, ou a crença moral de seus sujeitos ou oficiais.".

Este é um dos raros momentos em que iremos encontrar na obra de Hart um argumento em defesa da tese da separabilidade que seja claramente metodológico, no sentido da superioridade teórica e descritiva dessa forma de abordagem do direito. Na primeira parte do argumento, Hart se refere ao poder descritivo da teoria, por "reproduzir" o ponto de vista interno dos sujeitos de direito nas sociedades modernas. Esta passagem irá se contrapor a outras de sua obra em que Hart admite que os Estados modernos todos apresentam conexões necessárias com a moral. Na segunda parte do argumento, Hart se refere aos méritos teóricos que o levam a escolher uma teoria em detrimento da outra, o que parece ser um argumento normativo apenas em sentido kuhniano. Essa forma de defesa metodológica da tese da separabilidade, moralmente "neutra" num sentido relevante, será objeto de capítulo próprio. Por ora, precisamos conhecer melhor a relação entre o pensamento de Hart e de Bentham e os demais argumentos em defesa do positivismo presentes nessa obra.

6.3 A desmistificação do direito

O primeiro artigo do livro se chama *A desmistificação do direito* e trata do esforço de Bentham nesse sentido – de desmistificar o direito –, sobretudo através da criação de uma linguagem para o direito que fosse plenamente descritiva e moralmente neutra. Na ideia de direito consistente em regras que são, em última análise, comandos de um soberano temos um exemplo desse esforço. Enquanto para Hobbes esses comandos eram dirigidos àqueles que tinham uma obrigação de obedecer ao soberano, em Bentham nenhuma referência é feita a um contrato social ou obrigação antecedente. Para ele, o poder soberano pode ser definido em termos de meros hábitos de obediência, evitando uma relação desnecessária com a moral e consequentes questionamentos sobre a razão da obediência a um direito existente. Essa questão deveria ficar para a análise da utilidade no conteúdo das leis e, portanto, ser independente do questionamento quanto à existência ou validade das mesmas.

Tudo muito coerente com sua visão da utilidade como teste último da razão de permanência das instituições que compõem a sociedade, bem como, no direito, a razão norteadora tanto do processo legislativo quanto judicial. Não se trata, portanto, de um argumento metodológico para a tese da separabilidade, mas um argumento moral, utilitarista: é mais eficiente, gera maior satisfação de preferências um sistema jurídico no qual o teste de validade de suas regras seja feito em função de critérios objetivos, jurídicos, e não dependentes de critérios morais, os quais, por sua vez, dependem de uma filosofia moral controvertida: sua proposta era a da superioridade de uma teoria utilitarista da moral, mas estava bem ciente da vantagem numérica de seus opositores para desejar que a definição do direito dependesse de um acordo entre eles. Assim, ao nos depararmos com uma regra, deveríamos apenas constatar, pelos meios formais, se ela tinha uma gênese juridicamente legítima para afirmá-la como "direito". Em seguida, num segundo passo, deveríamos analisar o acréscimo ou decréscimo em utilidade proporcionado por essa regra para decidir quanto a obedecê-la ou não.

Esse movimento na teoria benthamiana é fundamental para se compreender o papel assumido pela tese da separabilidade. Bentham é considerado como o grande precursor do positivismo jurídico moderno. Um estudo de sua obra, por mais superficial que seja, já nos mostra que esse positivismo, em suas origens, estava sempre atrelado a uma filosofia política e moral maior, no caso, o utilitarismo. Gerald Postema, estudioso de Bentham, argumenta que o autor nem sequer tinha total consciência da distinção entre uma descrição do direito como ele é e seus argumentos sobre o que torna o direito mais útil ou benéfico[47]. É como se sua teoria do direito fosse um braço de sua filosofia utilitarista, isto é, fosse a teoria do direito capaz de gerar o maior agregado de utilidade. A necessidade de se encarar o direito livre das preocupações de uma filosofia moral controvertida era, portanto, decorrência da própria filosofia moral utilitarista e não o produto de uma descrição do direito tal como ele era, sem qualquer posicionamento normativo por parte do teórico.

6.4 Bentham e Beccaria

O mesmo argumento acerca das vantagens de uma teoria do direito independente de teorias morais controvertidas é retomado no artigo seguinte, *Bentham e Beccaria*, onde Hart compara o pensamento dos dois autores, apontando o parentesco e a grande afinidade, mas também diferenças cruciais. Além da aceitação da doutrina do contrato social e da existência de direitos dele decorrentes, Beccaria se distancia do utilitarismo de Bentham ao demonstrar uma constante preocupação com o respeito à dignidade e o valor do indivíduo que é totalmente ausente em Bentham. Como diria Hart, essa ausência "confere a algumas das especulações de Bentham um sabor quase desumano" (1982:51).

Assim, por exemplo, Beccaria afirmava não existir liberdade onde as leis permitissem que, em algumas circunstâncias, um homem pudesse

[47] Gerald Postema, *Bentham and The Common Law Tradition*, Oxford, Oxford University Press, 1986, p. 331.

deixar de ser tratado como pessoa e se tornasse uma coisa. Esse tipo de discurso, porém, não comovia Bentham. Sua rejeição da escravidão, por exemplo, era feita totalmente em termos de utilidade – o trabalho escravo em larga escala geraria, ao cabo, uma sociedade ineficiente ou pouco lucrativa. Em uma passagem que ganharia fama pelo tom "desumano" de Bentham, ele responde a críticos de seus esquemas de educação, sobretudo de jovens, por tratarem-nos mais como objetos do que como homens: "Chame-os de soldados, chame-os de monges, chame-os de máquinas; conquanto eles sejam felizes, eu não me importo.[48].

Voltando às afinidades de Bentham e Beccaria, ambos valorizavam quase que apaixonadamente o direito posto[49], sobretudo através de leis escritas, seja ele justo ou injusto, pelo fato de que só num sistema assim os indivíduos poderiam conhecer de antemão seus direitos e obrigações jurídicas, os prováveis custos da desobediência e, assim, poderiam planejar sua vida de acordo.

Em ambos os autores, portanto, havia a insistência em que um direito separado o quanto possível de juízos morais era melhor para assegurar a liberdade dos indivíduos e gerar o maior grau de utilidade em uma sociedade. E, tanto para Bentham como para Beccaria, o direito positivado por leis escritas, gerais e sistematizadas, era visto como um avanço nesse sentido. Mais uma vez, deparamo-nos com as razões morais, decorrentes de uma filosofia utilitarista bastante sólida, por trás da defesa de uma

[48] Jeremy Bentham, *Works I*, 343-7, *apud*, H.L.A. Hart, *Essays on Bentham*, *op. cit.*, p. 51. Hart parece se alinhar a esse utilitarismo mais "qualificado" de Beccaria. Concorda com vários argumentos desse autor, críticos ao utilitarismo "puro" de Bentham, como quando afirma que "o que podia ser feito em nome da utilidade deveria ser limitado por uma consideração do que se ajusta à dignidade do homem" (1982:51) e com sua insatisfação, com relação a Bentham, de sua "predisposição em tornar negociáveis, em prol de uma segurança social genérica, proteções que muitos considerariam como direitos fundamentais de todos os indivíduos contra o Estado, inclusive o direito do cidadão de permanecer calado quando suspeito ou acusado de um crime e de não ter seu silêncio usado como prova contra ele [o que Bentham afirmava ser legítimo]." (1982:36).

[49] Aliás, o capítulo 3 do livro, do qual não trataremos diretamente, se dedica a contar o esforço obstinado de Bentham para convencer os americanos a adotarem um código de leis – o qual Bentham se prontificou a redigir – para a nova nação que tinha, a seu ver, a chance de superar enormemente a antiga metrópole, encontrando, todavia, uma grande frustração pessoal com a recusa, a seu ver, ingrata por parte dos federalistas.

abordagem positivista do direito. Essa é uma característica marcante da gênese do positivismo jurídico.

6.5 Razão jurídica dotada de autoridade

Nos próximos sete capítulos que compõem o livro, um argumento recorrente nas análises de Hart de conceitos-chave para a teoria imperativa do direito de Bentham, como os de comando e permissão, hábitos de obediência, legalidade e ilegalidade, é o de que estes conceitos são incapazes de fornecer, por si sós, uma descrição adequada do direito, uma vez que muitas características importantes dessa prática escapam a uma análise realizada puramente nesses termos. Exemplos dessas características são as noções de obrigação jurídica e dever legal, poder legislativo, governo limitado juridicamente e a existência, nos Estados modernos, de uma Constituição delegando poder legislativo e criando limitações reais ao poder soberano.

Hart insiste em que tais traços distintivos do direito não podem ser compreendidos sem a introdução da ideia de uma "razão jurídica dotada de autoridade" (*authoritative legal reason*), isto é, de uma consideração, ou conjunto de considerações, reconhecida pelo menos pelos tribunais num sistema jurídico minimamente eficaz, como uma razão para agir. Essa razão para agir Hart classifica como "peremptória e independente do conteúdo", o que significa dizer que os juízes, ao aplicarem as leis, não precisam endossar a legitimidade moral do legislador nem do conteúdo legislado.

Demonstrar que a introdução, na análise do direito, de uma razão jurídica dotada de autoridade não colocará em xeque a separação entre direito e moral é a tarefa do último capítulo dos *Ensaios*. Nele existe um diálogo direto não com críticos de Bentham, mas do próprio Hart. Em outras palavras, ele se utiliza desse momento para refinar o seu entendimento de regra jurídica como, para além do aspecto do hábito de obediência, uma *razão* para agir e responde a interlocutores recentes, como seu discípulo Joseph Raz.

6.6 Autoridade teórica e autoridade legislativa

Hart analisa uma sugestão proposta por opositores da tese da separabilidade que é a de traçar um paralelo entre autoridade científica ou teórica e autoridade legislativa. Para que um cientista seja tido como uma autoridade em seu campo de estudos, deve haver *boas razões* para se aceitarem seus pronunciamentos como *razões* suficientes para acreditar em seu conteúdo sem a necessidade de conduzir uma investigação independente para sua comprovação. De maneira análoga, para existir autoridade legislativa, deve haver *boas razões* para se aceitarem seus decretos e leis como razões peremptórias para a ação. No caso da autoridade legislativa, dizem esses opositores, como em qualquer outra forma de exercer autoridade "prática" – em oposição à autoridade teórica ou científica – sobre as pessoas, essas boas razões devem ser razões morais. Portanto, a legitimidade moral do poder legislativo é anterior à sua autoridade sobre as pessoas e esta não pode ser explicada sem referência àquela.

A legitimidade moral do legislador pode advir de diversas fontes como, e.g., o fato de que a composição das casas se coadune com princípios morais de bom governo ou simplesmente porque, seja qual for a composição do órgão legislativo ou seus defeitos, ele assegura um mínimo de ordem necessário para a vida em sociedade e, sem ele, haveria mais males do que aqueles por ele perpetrados.

O paralelo entre a autoridade científica e a autoridade legislativa pode assumir duas versões. Na mais extremada[50], para que uma autoridade legislativa exista deve haver *de fato* boas razões morais objetivas para se aceitarem suas leis como razões peremptórias para a ação, ao passo que numa visão mais moderada, é necessária apenas a *crença* de que tais razões existam ou, ainda, como na visão raziana, "apenas a simulação ou manifestação externa de tal crença, ou a disposição em reconhecê-la"[51]. Hart cuida de tentar responder à visão extremada em capítulo anterior[52], apontando para o fato de que nem sempre o que é juridicamente correto é também moralmente correto ou de que podem existir sistemas jurídicos moralmente iníquos cujas leis postas podem, não obstante, criar direitos e obrigações jurídicas válidas. Então, se a visão extremada recorre à existência *de fato* de razões morais anteriores para a aceitação da autoridade,

[50] Os termos "extremada" e "moderada" foram empregados pelo próprio Hart, cf. p. 264.

[51] Joseph Raz, *The Authorities of Law*, p. 28, *apud*, H.L.A. Hart, *Essays on Bentham*, op. cit., p. 264.

[52] Capítulo 6, pp. 105-126.

os próprios fatos mostrariam, segundo Hart, que há outras razões, não morais, para essa mesma aceitação.

Já neste ponto podemos nos perguntar, repetidamente, se esse é de fato o ponto de vista interno do direito, isto é, se os indivíduos não recorrem a razões morais anteriores à aceitação da autoridade jurídica, sendo os casos em que tais razões inexistem apenas casos de fronteira, e não paradigmáticos da autoridade jurídica.

De todo modo, Hart prossegue a analisar a visão moderada e acredita encontrar nela um desafio maior à tese da separabilidade, uma vez que apenas exige dos oficiais aplicadores do direito uma *crença* de que existam boas razões morais para sua aceitação e não que elas existam *de fato*. Hart responde que tudo o que se espera dos juízes é, na verdade, que tenham motivos compreensíveis para agirem da forma como o fazem e que esses motivos não necessitam de ter algo a ver com a crença na legitimidade moral da autoridade cujas leis eles identificam e aplicam como direito: "Assim, os juízes podem, individualmente, explicar ou justificar sua aceitação dos atos normativos do legislador dizendo que eles simplesmente desejam continuar em uma prática estabelecida ou que eles juraram, ao assumir o cargo, continuá-la, ou, ainda, que eles tacitamente concordaram em fazê-lo ao aceitarem o cargo de juiz." (1982:265)[53].

Será esse o caso central, o verdadeiro ponto de vista interno por parte dos juízes? E, se for, não haverá nessa atitude também uma razão moral? Afinal, a obediência de um juiz à autoridade por querer dar continuidade a uma prática estabelecida, independentemente dos méritos morais do conteúdo legislado, não é um posicionamento moral conservador, que vê na estabilidade do sistema e na proteção das expectativas jurídicas valores a serem buscados até mesmo em detrimento da justiça? Todos esses questionamentos têm relação direta com o problema da escolha do

[53] E prossegue: "...Pelo menos onde o direito está claramente estabelecido e determinado, os juízes, ao falarem sobre o dever legal de um cidadão, podem querer fazê-lo numa forma tecnicamente restrita. Eles falam como juízes, dentro de uma instituição jurídica a qual estão comprometidos, enquanto juízes, em manter, de modo a chamar atenção para aquilo que é "devido" pelo cidadão, isto é, que pode ser juridicamente exigido ou tomado dele. Os juízes podem adicionar a isto um julgamento ou exortação moral, especialmente quando aprovam o conteúdo de leis específicas, mas esta não é uma implicação necessária de suas declarações acerca dos deveres jurídicos dos cidadãos." (1982:266).

caso central numa teoria hermenêutica como a de Hart, e serão objeto de nossa atenção mais adiante.

Esse capítulo acerca das formas de autoridade e das razões que as sustentam é de grande interesse para a literatura em torno do debate com Joseph Raz, mas não é esse o meu foco ao analisar os *Ensaios sobre Bentham*. Neste livro, muito mais revelador para os propósitos do argumento central do trabalho é o papel da tese da separabilidade no sistema de pensamento de Bentham e sua influência sobre o modelo teórico de Hart.

6.7 Conclusões

O objetivo de revisitar os *Ensaios sobre Bentham* foi o de mostrar que o positivismo jurídico, em suas origens, estava atrelado a uma filosofia moral utilitarista e que a separação entre direito e moral era uma postulação normativa acerca do que geraria maior utilidade, e não um relato descritivo de como o direito de fato é. Já vimos em outros textos como essa postura benthamiana de defender o positivismo e a tese da separabilidade como garantias da liberdade individual é elogiada e seguida pelo próprio Hart. Aliás, esse é o tipo de argumento predominante em toda a sua bibliografia a respeito desse tema, o que nos leva a crer que as razões morais que levaram Bentham a defender a abordagem positivista do direito são, em linhas gerais, as mesmas que motivam também a teoria de Hart.

Poder-se-ia argumentar que a teoria benthamiana é prestigiada por Hart apenas como uma teoria que se ajusta bem ao conteúdo descritivo do direito. Um teórico do direito se põe a observar neutramente essa prática social e a relatar o que vê, o que selecionou como o caso central do direito. Feita essa tarefa, constrói então uma teoria que explique esse caso central. O positivismo de Bentham pode lhe parecer um bom candidato a essa teoria, independentemente das razões morais que o sustentavam em suas origens. Desse modo, essa nova teoria ainda é moralmente neutra, porque resultado de uma investigação isenta das preocupações da filosofia moral, mas encontrou no positivismo de Bentham um modelo com boa adequação descritiva. Insistir, portanto, na influência de Bentham como uma evidência da normatividade de sua teoria é errado e facilmente atacável. O argumento do trabalho, porém, pretende demonstrar que o pensamento liberal utilitarista de influência benthamiana é o *móvel* da compreensão de Hart do direito, aquilo que o guia na escolha de um caso central que ele mesmo reconhece não ser empiricamente observável, por ser contrário ao direito de todos os Estados modernos civilizados. É a mesma desconfiança com relação às incursões da moral no direito que motivou Bentham a que irá motivar Hart a postular uma separação entre essas duas esferas normativas.

Todavia, se Bentham, como alguns de seus estudiosos dizem, não tinha interesse em fazer a distinção entre teoria do direito e filosofia moral, esse não é o caso de Hart. Apesar de ser também um filósofo moral e de ter se debruçado sobre muitas questões importantes nesse campo, onde deixava claras suas inclinações utilitaristas liberais, ele, no entanto, afirma seu positivismo jurídico em bases metodológicas e não de filosofia moral. Procura apresentar uma "sociologia descritiva" e não um manifesto utilitarista do direito. Mas, então, quais são os argumentos verdadeiramente metodológicos de Hart em defesa do positivismo jurídico?

Como foi sinalizado já na introdução, o próprio método hermenêutico que Hart emprega no estudo do direito pode ser entendido como a maior defesa metodológica, não normativa, de seu positivismo jurídico. Mas há ainda argumentos importantes nesse sentido nos textos publicados postumamente na forma de um Pós-escrito a *O conceito de direito*, os quais deram origem a um imenso debate sobre as possibilidades e os limites de uma teoria do direito descritiva e neutra. Ali, Hart é chamado a responder a críticas poderosas à neutralidade teórica do positivismo jurídico, tais como aquelas apresentadas pela obra de Ronald Dworkin e tem, portanto, a oportunidade de endereçar essa problemática metodológica diretamente, tratando de tópicos como a natureza da teoria jurídica, a natureza do positivismo jurídico e também onde se posiciona nessa agenda de debate contemporânea como um positivista "moderado", explicando o que entende por tal.

Precisamos, portanto, compreender o que é o método de estudo do direito empregado por Hart, de que forma ele pode ou não ser entendido como uma defesa metodológica da tese da separabilidade e conhecer também os argumentos expostos no Pós-escrito, o que será objeto do próximo capítulo.

7. O MÉTODO HERMENÊUTICO E O PÓS-ESCRITO A *O CONCEITO DE DIREITO*

7.1 Escolha do caso central

Hart, como foi dito, apresenta sua obra mais importante, *O conceito de direito*, como "um ensaio sobre teoria jurídica analítica" ou como "um ensaio de sociologia descritiva" (2007:01), o que quer dizer que seu trabalho pretende ser um relato das instituições livre de valores e de avaliações. Mas como um teórico analítico como Hart decide o que deve contar como direito para os propósitos de sua descrição?

Positivistas anteriores, como Bentham, Austin e mesmo Kelsen não demonstraram preocupação com esse problema e não encontramos em sua obra uma atenção crítica à questão metodológica de selecionar conceitos para uma teoria geral descritiva ou livre de valores. Hart, apesar de se distanciar em muitos aspectos importantes desses autores, rompendo com uma longa tradição, ainda afirma fazer teoria descritiva do direito, e sua crítica aos modelos positivistas anteriores é de que eles não ofereceram uma boa descrição, isto é, não foram capazes de acomodar os fatos descritos. E os fatos que deixaram de acomodar eram fatos referentes à função, ao *point* do direito. Assim é que, para Hart, a descrição de Kelsen das normas em termos de sanção é inadequada porque ignora as diferentes *funções* sociais desempenhadas por diferentes tipos de regras jurídicas. De maneira semelhante, a descrição das regras jurídicas em termos de um conjunto de predições acerca do que as autoridades irão fazer também ignora a dimensão interna das regras, as quais são destinadas não só à orientação das autoridades, mas também dos cidadãos. Essa mesma atenção à função reaparece em diversos pontos de sua obra como um elemento essencial para a correta descrição dos fatos. As regras secundárias, por exemplo, são desenvolvidas em uma sociedade mais avançada *a fim* de remediar os *defeitos* de uma organização social baseada unicamente em regras primárias. E o próprio direito deve apresentar um conteúdo mínimo de direito natural *a fim* de assegurar a sobrevivência humana em sociedade, sem o que ele perderia sua razão de ser[54].

Mas se tanto os positivistas anteriores como Hart e os que o sucederam pretendem ser descritivos, como explicar tantas diferenças no relato que oferecem? Podemos dizer que elas decorrem das diferenças de opiniões, entre eles, acerca do que é importante e significativo nos dados da experiência que recolheram e que servirão de base para suas teorias. Afinal, de que ponto de vista essa importância e significado devem ser avaliados? Em outras palavras, com que critérios um teórico pode afirmar que tal ou qual prática observada é o que deve ser considerado como direito?

Hart, com sua bagagem de filosofia da linguagem, afastou-se de uma ideia comum de que os termos descritivos devem ser empregados de tal forma que se estendam a todos os estados de coisas descritos, desde os mais primitivos até os mais sofisticados. Hart rejeita a visão de que os vários casos particulares de um termo geral devem ter as mesmas características, ou de que "todos os casos daquilo que vai ser definido ... tenham características comuns que sejam referidas pela expressão definida" (2007:20). Assim, no caso do conceito de direito, "embora a combinação das regras primárias e secundárias mereça o lugar central que lhe é atribuída, porque explica muitos aspectos do direito, não pode por si só iluminar todos os problemas. A união de regras primárias e secundárias está no centro de um sistema jurídico; mas não é o todo, e à medida que nos afastamos do centro teremos de acomodar elementos de uma natureza diferente." (2007:109).

Existem, portanto, casos centrais e casos periféricos. Há casos centrais de governo constitucional e casos periféricos, como a Alemanha nazista,

[54] John Finnis, num interessante artigo sobre o legado de Hart, reparou em quantas vezes a expressão *"reason for"* aparece em *O conceito de direito*, sendo cinco vezes italicizado, como se Hart estivesse impaciente para dar uma resposta aos realistas jurídicos no sentido de que não podemos reduzir o direito a simples predições de comportamentos, de preferências muitas vezes irracionalizáveis tanto dos indivíduos quanto das autoridades aplicadoras do direito. *On Hart"s Ways: Law as Reason and as Fact*, in Mathew Kramer et. al. (ed.), *The Legacy of H.L.A. Hart, Legal, Political, and Moral Philosophy*, Nova Iorque, OUP, 2008.

a Rússia stalinista, e assim por diante. Há casos centrais e periféricos de direito também, e tratar os casos periféricos ainda como casos de direito permite avançar o estudo desse conceito, compreendendo de que forma as características do modelo central podem ser manipuladas pelo homem para distorcê-lo em um caso periférico ("o estudo do seu uso envolve o estudo do seu abuso" (2007:226)) ou mesmo como a ausência de uma ou mais delas pode representar um grande afastamento do que consideramos como caso central. E podemos explicar os demais casos que surgirem na experiência jurídica por referência às semelhanças ou dessemelhanças com relação ao caso central.

Mas novamente devemos perguntar: segundo qual critério deve um caso ser visto como central e outro como periférico? Hart responde diretamente a essa pergunta logo após selecionar a união de regras primárias e secundárias como o caso central do direito:

> "A razão por que a análise nestes termos de regras primárias e secundárias tem por este poder explicativo não deve buscar-se longe. A maior parte das obscuridades e distorções que rodeiam os conceitos jurídicos e políticos surge do fato de que estes envolvem, de forma essencial, uma referência àquilo que chamamos **o ponto de vista interno**: o ponto de vista dos que não se limitam a anotar e predizer o comportamento conforme às regras, mas que *usam* as regras como padrões para a apreciação do comportamento próprio e dos outros." (2007:108, nosso grifo).

É o ponto de vista interno, portanto, segundo Hart, que deve ser levado em conta no momento da seleção do caso central do direito. E, se ele é o critério segundo o qual sua descrição é mais fiel e capaz de acomodar os fatos do que as descrições de outros autores que o antecederam, então é o ponto de vista interno também aquele que devemos utilizar para criticar sua teoria, isto é, para avaliar se ela oferece ou não uma boa descrição das práticas sociais.

Falamos do processo de escolha do caso central de um conceito porque ele é o método de estudo do direito proposto por Hart como o mais adequado. Esse método também recebe o nome de hermenêutico porque o teórico se coloca na posição de um observador externo, neutro, que, no entanto, conhece e interpreta as práticas sociais desde uma perspectiva interna. Como apontei na introdução, a maior defesa metodológica do positivismo jurídico de Hart e de sua tese da separabilidade pode ser encontrada no próprio método que emprega. Todavia, percebemos que a escolha de um caso central envolve a escolha de um critério segundo o qual determinamos o que é central e o que é periférico. No caso de Hart, esse critério é o ponto de vista dos indivíduos que usam as regras jurídicas como padrões de correção de seu próprio comportamento e dos demais. Apesar disso, Hart afirma que o caso central do direito é um sistema de regras primárias e secundárias sem conexão com a moral. O argumento central desse trabalho defende, ao contrário, que essa neutralidade do direito, ou esse distanciamento da regra jurídica de critérios morais de validade não é o caso central do direito. Não é assim que nós, indivíduos participantes dessa prática vemos e compreendemos o direito e sua relação com a moral. O próprio Hart reconhece que todos os sistemas jurídicos modernos apresentam conexões com a moral em seu nível mais relevante, que é o nível da regra de reconhecimento, ou seja, todas as constituições modernas incorporam critérios morais de validade ao sistema. O que explica, então, seu cometimento a uma tese da separabilidade que não reproduz fielmente o ponto de vista interno do direito? Esse questionamento será retomado no capítulo final deste trabalho, mas já vim demonstrando, pela natureza dos argumentos de Hart em sua defesa, que existe um compromisso filosófico de Hart com uma teoria liberal, de matriz benthamiana, que o leva a construir um modelo positivista no qual a moral não desempenhe um papel necessário.

Contra esse argumento de que o caso central do direito para Hart é contrafático, isto é, não descreve adequadamente o modo como nós enxergamos o direito, pode-se afirmar que Hart jamais teria negado que o direito possa incorporar critérios morais de validade em sua regra de reconhecimento. Esse fato, portanto, não estaria em desconformidade com sua teoria, e é por essa razão que ele se considera um positivista moderado, em oposição aos positivistas extremados, para quem tal conexão entre direito e moral nunca é possível, sob pena de se por em risco a autoridade do direito. Esse posicionamento de Hart como um positivista moderado, além de outras formas de defesa do positivismo e da tese da separabilidade, encontra-se nos textos que deram origem ao Pós-escrito a *O conceito de direito*, o qual será analisado a seguir.

7.2 O Pós-escrito de 1994

Não sabemos até que ponto Hart teria assinado a compilação de rascunhos publicada na forma de um pós-escrito *a O conceito de direito* em 1994, dois anos, portanto, após sua morte. Joseph Raz, um dos responsáveis pela edição, afirmou que Hart certamente teria burilado mais o texto e aperfeiçoado o estilo. Mas, a julgar pelo que sabemos de sua relação com Dworkin, centro das atenções do pós-escrito, é razoável crer que Hart jamais teria permitido a publicação desses textos na forma em que se encontravam.

Não obstante, eles foram publicados e acabaram se tornando como que a última palavra de Hart em diversos assuntos. Desde a publicação de *O conceito de direito*, uma vasta literatura se desenvolveu ao redor de suas teses centrais – boa parte delas de viés crítico –, sem que Hart houvesse tido a oportunidade de endereçá-la, seja para conceder-lhe alguns pontos, seja para manter posições ainda sustentadas. O Pós-escrito cumpre, em certa medida, essa função de acerto de contas com seus interlocutores, especialmente com Dworkin.

7.2.1 A história do pós-escrito

A história do pós-escrito é bastante curiosa e, contada por Nicola Lacey na biografia que fez de Hart, fica ainda mais interessante (2004:347-53). Diz ela que, por volta de 1983, Hart já havia praticamente consolidado sua resposta às críticas de Dworkin. Todavia, seu empreendimento foi interrompido por vários anos por conta de problemas de saúde e de um sério colapso nervoso. Quando Hart retoma suas atividades intelectuais, porém, o pensamento de Dworkin já havia evoluído, especialmente com a publicação de *O Império do Direito* em 1986. Hart percebeu que sua análise baseada nos trabalhos anteriores de Dworkin não seria suficiente como uma resposta à forma nova que sua teoria havia assumido. Hart, então, inicia do zero a redação de um novo „apêndice" a *O conceito de direito*, mas, após meses de intenso trabalho e de inúmeras tentativas de abordagens diversas, confessa em seus diários uma extrema ansiedade por não conseguir compreender com clareza os argumentos de oposição de Dworkin.

Por fim, Hart focou suas atenções em um argumento que, nas palavras de Lacey, "é superficialmente atraente, mas, no fim, não inteiramente satisfatório" (2004:351), qual seja, o de que seu projeto e o de Dworkin são totalmente diferentes e podem ser entendidos como complementares. Assim, com essa divisão do trabalho, Hart se poupa do esforço de sintetizar e responder a cada aspecto da teoria de Dworkin, podendo se concentrar na defesa de sua própria teoria como um projeto puramente descritivo.

7.3 Natureza da teoria jurídica

Logo na primeira seção do Pós-escrito, intitulada *Natureza da teoria jurídica,* Hart reafirma que o propósito do livro "foi o de fornecer uma teoria sobre o direito que é, ao mesmo tempo, geral e descritiva" (2007: 300). Por "geral" entende-se que sua teoria não se reporta a nenhum sistema jurídico em particular, pois, ao descrever o direito como um sistema de regras contendo regras primárias e secundárias, está apresentando as características dessa instituição que, "a despeito de muitas variações em diferentes culturas e em diferentes tempos, tomou a mesma forma e estrutura gerais" (2007:301). Por "descritivo" entende-se que seu relato é "moralmente neutro e não tem propósito de justificação"[55].

Dito isso, Hart afirma que seu empreendimento é, portanto, radicalmente diferente daquele de Dworkin, o qual pretende oferecer uma teoria de avaliação e de justificação, dirigida a uma cultura jurídica concreta, no caso, a anglo-americana. Hart insiste na ideia de que se trata de projetos diferentes e em nada incompatíveis: um querendo descrever o direito, outro querendo avaliá-lo ou justificá-lo.

Não é este, porém, o entendimento de Dworkin, que vê na questão um problema relacionado à própria natureza da teoria jurídica e sua impossibilidade de ser puramente descritiva. Para Dworkin, em breves linhas, a tarefa de uma teoria do direito é de identificar os princípios que ao mesmo tempo se ajustem (*fit*) melhor às práticas sociais estabelecidas e ofereçam a melhor justificativa moral para as mesmas, mostrando o direito, como na conhecida expressão, "em sua melhor luz". Assim, o positivismo jurídico, como teoria jurídica que é, faz o mesmo: olha para

[55] E continua: "... Não procura justificar ou recomendar, por razões morais ou outras, as formas e estruturas que surgem na minha exposição geral do direito, embora uma compreensão clara destas continua, penso eu, um ponto preliminar importante, relativamente a qualquer crítica moral do direito que seja útil". (2007:301).

as práticas sociais e procura oferecer um modelo que se ajuste melhor a elas e as apresente em sua melhor luz. Nesse sentido, o positivismo é também uma teoria interpretativa, a que Dworkin dá o nome de "convencionalismo". Aliás, o positivismo jurídico só pode ser uma teoria interpretativa, segundo Dworkin, porque para ele não existe a possibilidade teórica de um relato meramente descritivo, totalmente desengajado, de um observador externo. A essa figura de um imaginário teórico externo Dworkin dá o nome de "arquimediano", em alusão à frase atribuída a Arquimedes ("dai-me uma alavanca e um ponto de apoio e moverei o mundo"). A impossibilidade de existir um ponto de apoio fora do mundo para alguém que está inserido nele é comparada à impossibilidade teórica de um observador sair da prática social na qual está integrado para descrevê-la. Ou seja, é tão impossível descrever uma prática social como o direito, da qual fazemos parte, de um ponto de vista externo quanto o é sair do mundo com uma alavanca e movê-lo. Ainda que tal empreendimento fosse possível, continua o argumento dworkiniano, ele seria no mínimo inútil, pois que tal cientista neutro não seria capaz de oferecer uma teoria menos do que superficial acerca das práticas altamente complexas que ele observa.

Trata-se de um problema epistemológico bastante desafiador, que tem sido objeto de uma vasta literatura. Hart conhecia esse debate e certamente estava ciente do imenso esforço intelectual exigido para enfrentá-lo à altura. Todavia, talvez pelo cansaço de que se via tomado nos últimos anos de sua vida acadêmica, Hart apenas apresenta a simples réplica de que "uma descrição pode ainda continuar a ser descrição, mesmo quando o que se descreve constitui uma avaliação" (2007:306), sem elaborar esse argumento nos termos complexos e refinados em que o debate foi estabelecido.

A teoria de Dworkin é vigorosa e realmente apresenta um desafio à neutralidade de qualquer empreendimento teórico "útil" do direito, desafio esse que não pode mais ser ignorado por quem quer que se debruce sobre o tema. Ele é, na verdade, o centro do debate atual em teoria do direito e, por isso, chega a ser decepcionante a superficialidade com que Hart o aborda no Pós-escrito. Todavia, para os fins desse estudo, interessa-nos menos se existe de fato a possibilidade de uma teoria do direito puramente descritiva, e mais se Hart foi capaz de construir uma.

Em outras palavras, para o argumento central deste trabalho é menos importante saber se é possível haver um observador neutro, não participante, que olha para uma prática social normativa e relata o que vê. O que se questiona é que este observador, ao escolher como objeto de investigação esta instituição jurídica, tenha reconhecido como caso paradigmático um sistema com o qual a moral não estabeleça nenhuma conexão *necessária*, nem mesmo desempenhe *necessariamente* um papel fundamental, salvo naquelas parcas concessões feitas ao Direito Natural, o que contraria nossas percepções mais arraigadas do direito e nos leva, portanto, a concluir que a escolha não foi neutra, mas motivada por uma filosofia moral que vê com desconfiança a dependência do direito com relação a outros sistemas normativos.

Hart, seguindo sua defesa sobre a natureza da teoria jurídica, confronta as objeções de Dworkin no sentido de que a tarefa de uma teoria do direito é de identificar os princípios que, ao mesmo tempo, se ajustem (*fit*) melhor às práticas sociais estabelecidas e ofereçam a melhor justificativa moral para as mesmas, mostrando o direito "em sua melhor luz". Neste momento, Hart traz o argumento da diversidade de projetos. Para ele, não há nada de criticável na proposta de Dworkin de querer oferecer uma teoria interpretativa do direito que possua, ao mesmo tempo, uma dimensão descritiva (de identificação dos princípios que se ajustem às práticas sociais estabelecidas) e outra normativa (de oferecer a melhor justificativa moral para essas práticas). Afinal, ele mesmo é um filósofo moral que se dedicou em vários momentos à crítica do direito, ou seja, a apresentar argumentos normativos sobre como o direito deveria ser. Essa índole conciliatória entre ele e Dworkin termina, porém, quando este afirma que o positivismo jurídico (na forma que ele chama de "convencionalismo") também é uma teoria interpretativa, com uma dimensão normativa bastante clara, identificada nos princípios da segurança jurídica e da proteção de expectativas que se sobrepõem a princípios de justiça material. Hart, então, se agarra ao argumento de que não existe nenhum empecilho para que um observador externo, não participante, descreva as práticas de um grupo, compreendendo, sem deles compartilhar, os motivos pelos quais assim agem, desde um ponto de vista interno, ou seja, de que "uma descrição pode ainda continuar a ser descrição, mesmo quando o que se descreve constitui uma avaliação" (2007:306).

Este sem dúvida é um argumento metodológico, mas nos diz muito pouco em defesa de seu positivismo na forma superficial como foi apresentado. Para entendê-lo, devemos recorrer à nossa compreensão prévia do método hermenêutico por ele empregado e de sua forma de abordagem do direito, já que ele mesmo, nesta oportunidade, não se aprofundou no refinado debate metodológico que se lhe apresentava.

7.4 Natureza do positivismo jurídico

Neste tópico, Hart aborda as críticas que Dworkin dirigiu especificamente ao positivismo jurídico, enquanto uma teoria que afirma estarem os fundamentos do direito fixados por regras linguísticas, compartilhadas por juízes e juristas. Esses fundamentos se referem a "questões de mera fatualidade histórica, incluindo fatos relativos a crenças individuais e atitudes sociais" (2007:306). Disso decorre que os únicos desacordos possíveis acerca de questões jurídicas são os que dizem respeito à existência ou não de tais fatos históricos. Assim, Dworkin caracteriza a versão positivista de Hart como um exemplo de "positivismo meramente fatual". Um desacordo teórico, ou seja, uma controvérsia relativa ao que constitui mesmo os fundamentos do direito, na visão positivista apresentada por Dworkin, só poderia existir se os teóricos não compartilhassem do uso da palavra *direito*. Com isso, Dworkin apresenta duas versões do positivismo. Uma é esta do positivismo como uma teoria semântica, isto é, uma teoria que acredita estarem os fundamentos do direito fixados por regras linguísticas. Esse é o "ferrão semântico" do positivismo que o autor pretende extrair em seu livro *O Império do Direito*. Contra essa crítica, Hart apenas objeta em seu Pós-escrito que em nenhum lugar teria afirmado que a Regra de Reconhecimento tem que fixar critérios de identificação de forma não controvertida, ou direito significaria coisas diferentes para pessoas diferentes. E também que teria deixado claro em outros pontos de sua obra que em muitos sistemas jurídicos os critérios últimos de validade podem incorporar, além de questões de *pedigree* – de mera fatualidade histórica –, princípios de justiça ou valores morais substantivos (2007:309).

Já na segunda versão, Dworkin faz uma releitura do positivismo, entendendo-o agora não mais como uma teoria semântica, mas interpretativa do direito. Essa seria, para ele, a única forma de salvar o positivismo enquanto teoria, embora no fim ele deva ser descartado também por não oferecer uma concepção que melhor se adéque (*fit*) às práticas observadas, justificando-as e mostrando-as em sua melhor luz. A esse positivismo interpretativo, Dworkin conferiu o nome de "convencionalismo". O atrativo moral dessa teoria está no chamado "ideal das expectativas protegidas", uma vez que os critérios de identificação do direito seriam "meros fatos à disposição de todos, de forma que todos serão destinatários de uma advertência leal, antes do uso da coerção" (2007:310). Hart procura negar que o direito tenha por *finalidade* justificar o uso da coerção, porém o faz com o custo de reconhecer que essa proteção das expectativas é um "mérito moral" que o direito tem. E esse mérito se revela não só para justificar os momentos de coerção, como também se reveste de importância onde a coerção não está em jogo: "é igualmente crucial para o exercício inteligente de poderes jurídicos (por ex., fazer testamentos ou contratos) e, de um modo geral, para a planificação inteligente da vida privada e pública" (2007:311). Note-se, aqui, a importância substantiva que Hart confere a um sistema de direito tal qual o positivismo postula, embora no mesmo trecho diga que não é a finalidade do direito ter essas características. É como se dissesse, ao mesmo tempo, que é um fato contingente que o direito tenha o mérito moral de proteger expectativas e salvaguardar todas as garantias associadas ao valor da legalidade, mas, embora contingente, esse fato se apresenta, em maior ou menor grau, em todos os sistemas jurídicos modernos. Novamente somos levados ao problema da escolha do caso central em direito.

7.5 Positivismo moderado: resposta a Dworkin

É preciso ainda ressaltar neste título acerca da natureza do positivismo jurídico a resposta de Hart à crítica dworkiniana no sentido de que um positivismo "moderado", tal qual defende Hart, apresenta uma séria inconsistência. Isto porque a regra de reconhecimento, ao permitir a existência de critérios substantivos de validade, vai de encontro com o "desejo" dos positivistas de "tornarem a posição objetiva das proposições jurídicas independente de qualquer compromisso com qualquer teoria filosófica controvertida acerca do estatuto dos juízos morais" (2007:315). Hart replica que essa questão filosófica não impedirá o juiz de acatar a regra de reconhecimento, pois, seja qual for sua posição nesse debate, ele deverá "fazer o melhor juízo moral que puder sobre quaisquer questões morais que possa ter para decidir" (2007:316), lembrando um argumento de Raz de que o juiz, ao agir assim, está criando um direito com o seu melhor juízo moral e não convertendo a moral em direito preexistente[56].

São muito relevantes as declarações normativas que Hart apresenta na construção desse raciocínio. Ele não só reconhece esse "desejo" de que a teoria jurídica evite um compromisso com teorias filosóficas controvertidas, como também sustenta que a questão da posição objetiva dos juízos morais *deve ser* deixada em aberto pela teoria jurídica[57].

Há, ainda, um último trecho do Pós-escrito que precisa ser destacado, por cuidar especificamente dessa relação entre direito e moral, seguindo a mesma linha fundamentalmente benthamiana de argumentação que temos visto até aqui.

7.6 Direito e moral

Hart inicia este capítulo do Pós-escrito reafirmando sua tese da separabilidade: "Sustento neste livro que, embora haja muitas conexões contingentes diferentes entre o direito e a moral, não há conexões conceituais necessárias entre o conteúdo do direito e o da moral, e daí que possam ter validade, enquanto regras ou princípios jurídicos, disposições moralmente iníquas." (2007:331).

Dworkin nega essa possibilidade conceitual, considerando mesmo o direito como um ramo da moral. Hart diz que a tese dworkiniana está errada, mas o faz de forma ambígua. Em primeiro lugar, ele entende a crítica de Dworkin como dirigida apenas ao conteúdo da lei, o que lhe possibilita apresentar, outra vez, como já o havia feito no debate com Lon Fuller, o argumento empírico de que há leis moralmente iníquas que, no entanto, gozam de estatuto jurídico. Mas, por outro lado, o que nos chama a atenção nessa mesma passagem é mais uma constatação do valor

[56] Joseph Raz, *Dworkin: A New Link in the Chain*, in *California Law Review*, 74, 1986, pp. 115-16.

[57] "Ainda continuo a pensar que a teoria jurídica deva evitar um compromisso com teorias filosóficas controvertidas sobre o estatuto geral dos juízos morais e deixar em aberto, como eu faço neste livro, a questão geral de saber se têm aquilo a que Dworkin chama "posição objetiva" (2007:315-16).

moral do direito enquanto possibilita a planificação inteligente da vida, protegendo e restringindo a liberdade individual e, por isso, revestindo-se de "importância fundamental para os seres humanos" (2007:332). Ou seja, Hart afirma que a função do direito não é ser moralmente justo – daí a existência de leis iníquas – mas "apenas" o de permitir que os indivíduos planejem sua existência de acordo com as proteções e restrições à liberdade individual estabelecidas por meio dos recursos coercivos do Estado. Não é afirmar, em outras palavras, o "ideal das expectativas protegidas" a que Dworkin se refere ou os "princípios de legalidade" já discutidos por Lon Fuller?

Precisamos, porém, voltar a atenção ainda a uma última discussão muito relevante do Pós- escrito. Trata-se do problema da identificação do direito pelas teorias positivista e interpretativista de Hart e Dworkin, respectivamente. Se, para este último, o direito é um capítulo da moral, sendo as proposições de direito verdadeiras apenas na medida em que se possa argumentar adequadamente que decorram daquele conjunto de princípios e outros *standards* que melhor se ajustam às práticas estabelecidas e lhe confiram justificação moral, então como tratar aqueles sistemas de regras, como o nazista, que, se por um lado, chegavam à hediondez sob todos os aspectos de uma moral crítica, por outro criou deveres e direitos "neutros", que foram plenamente válidos e eficazes, como contratos de compra e venda, doações, casamentos, etc.? Pela leitura que Hart faz de Dworkin, este só poderia responder que tal sistema apenas é direito em sentido "pré-interpretativo", recorrendo a uma forma de "ceticismo interno". Hart critica essa posição, dizendo que "este apelo à flexibilidade da nossa linguagem e a introdução neste ponto da distinção entre direito interpretativo e pré-interpretativo só dá razão à posição positivista, em vez de a enfraquecer." (2007:334).

Essa dificuldade só comprovaria a possibilidade de dois empreendimentos diversos: uma Teoria Geral do Direito descritiva, para a qual o sistema nazista seria direito já que partilha com as regras mais justas de muitos aspectos distintivos do direito (como formas de criação, de julgamento e de imposição); e uma Teoria Geral do Direito interpretativa, para a qual o sistema nazista não *deveria* ser considerada direito.

O que Hart quer dizer com "apelo à flexibilidade da nossa linguagem" em sua crítica a Dworkin? Hart fala em regras iníquas que, todavia, compartilham de muitos traços distintivos das regras jurídicas, como sua forma de criação, de julgamento e de imposição, como vimos acima (ver 2007:333), isto é, ele tem em mente o seu modelo de direito consistente na união de regras primárias e secundárias. Poderíamos, no entanto, reformular a pergunta quanto ao *status* de sistemas iníquos e querer saber qual o tratamento que Hart confere a um sistema de regras que não possua regras secundárias de alteração, reconhecimento e julgamento. Sabemos sua resposta: são sistemas "pré-jurídicos". Ora, Hart não estaria criticando Dworkin por uma escolha de aplicação de conceitos, flexibilizando a linguagem, que ele também realizou? Afinal, a diferença entre um sistema pré-jurídico e outro jurídico, na acepção de Hart, é tão grande quanto entre um sistema jurídico em sentido pré-interpretativo e outro em sentido interpretativo, para Dworkin.

Note-se que ao fim sempre somos levado ao mesmo ponto: a escolha do caso central, objeto de uma teoria do direito. Para Hart, o caso central é aquele sistema de regras primárias e secundárias, sem qualquer ligação necessárias com requisitos de justiça ou critérios morais de validade, dando o nome de "pré-jurídico" a um sistema que, embora guarde muitas semelhanças com este caso central, não apresenta as tais regras secundárias bem definidas. Em Dworkin, por sua vez, podemos ver como caso central um sistema cujas proposições decorrem de um conjunto de *standards* morais que as justifiquem, chamando de direito "em sentido pré-interpretativo" um sistema de regras que não satisfaça essa condição.

7.7 Conclusão

O Pós-escrito a *O conceito de direito* é considerado como a última palavra de Hart sobre muitas questões de sua teoria e como a resposta definitiva às críticas formuladas por opositores importantes, sobretudo Dworkin. Vimos, porém, que, apesar de recorrer a um argumento metodológico em defesa do positivismo e da tese da separabilidade – o de que descrição continua a ser descrição ainda quando o que se é descrito constitui uma avaliação –, não elabora esse argumento e não nos dá explicações à altura do desafio metodológico que lhe foi imposto. Seus argumentos, novamente, são referentes aos méritos morais de uma abordagem positivista, de tornar a teoria do direito livre de qualquer compromisso com teorias filosóficas controvertidas. Temos visto, ao longo de sua bibliografia acerca do tema, que são esses, sempre, os argumentos apresentados. A única forma de defesa verdadeiramente metodológica que Hart pode nos oferecer deve ser buscada, não em seus enunciados explícitos, mas naquilo que o autor considera ser o método correto de estudo do direito, o método hermenêutico, que procede através da escolha de um caso paradigmático de seu objeto de estudo. Hart aplicou esse mesmo método também a um ramo específico do direito em seus textos sobre direito penal, o que veremos no próximo capítulo, onde se procurará mostrar como a tese da separabilidade sofre sérios abalos quando sua teoria "geral" do direito se torna teoria "aplicada".

Quero, porém, concluir esta análise do Pós-escrito com uma nota interessante sobre as impressões da já citada Nicola Lacey, biógrafa do autor. Diz ela que Hart, ao concentrar seus argumentos do pós-escrito na possibilidade de que seu projeto seja puramente descritivo, parece dar as costas a um *insight* vigorosamente defendido em seus primeiros trabalhos, em especial nas *Holmes Lectures,* de que exista um *moral case* para se defender uma concepção positivista do direito[58].

Lacey considera esse argumento bastante persuasivo e se pergunta por que ele o teria abandonado em seus escritos mais recentes, sobretudo nos rascunhos que se tornariam o pós-escrito. A verdade, porém, é que Hart, consciente ou inconscientemente, nunca deu as costas a esse argumento; ele permeia boa parte do pós-escrito, ainda que de forma velada – a parte mais importante, de fato, onde ele defende a própria natureza da teoria do direito e do positivismo jurídico em especial, já que os argumentos apresentados são, em natureza, os mesmos de textos mais antigos.

[58] "Em 1957, seu argumento era o de que a claridade que se ganha através de uma diferenciação entre padrões jurídicos e morais apresentava tanto méritos morais e intelectuais quanto vantagens políticas. Era mais honesto ter uma visão clara acerca das diferentes considerações em jogo para os cidadãos quando confrontados com leis más: primeiro, são elas legalmente válidas; segundo, devem ser obedecidas? E essa clareza de visão teria mais chances de promover uma refletida abordagem da obediência legal, que é a base tanto da cidadania liberal quanto de uma atitude vigorosa em face da tirania". *(Op. cit., pp. 351-52)*

TERCEIRA PARTE

TEORIA DO DIREITO APLICADA
E O CONCEITO DE DIREITO PENAL

8.
ESCRITOS EM DIREITO PENAL

Até o momento, vimos analisando os textos hartianos que tratam de questões mais gerais ou abstratas, algo que poderia ser classificado como uma Teoria Geral do Direito hartiana. Mesmo os *Ensaios sobre Bentham* tratam mais de categorias importantes ao direito do que de teses utilitaristas acerca da filosofia moral como um todo. Em outras palavras, apresentamos até aqui um Hart interessado em questões gerais acerca do direito, como a conceituação de seu caso central, o que são regras, qual a relação entre direito e moral etc.

Mas Hart não se dedicou apenas a esse tipo de discussão. Parte substancial de sua produção intelectual foi voltada para o estudo do direito penal, quer de uma perspectiva de filosofia moral crítica, quer de uma teoria analítica do direito. Esses textos são de extrema importância para o argumento deste trabalho e por isso receberão um tratamento diferenciado, mais aprofundado neste capítulo. Sua relevância reside não apenas no fato de que neles encontraremos ainda outras tantas instâncias de que Hart recorre a argumentos de natureza normativa para defender certa concepção de direito, mas em um elemento adicional: parte da crítica que se pode dirigir a Hart gira em torno do argumento de que seu modelo positivista poderia ser atraente em teoria, mas é incapaz de dar conta de explicar os verdadeiros desafios do direito na prática. Basta tentar aplicar as teses positivistas a um caso concreto difícil, ao direito como ele é praticado no dia-a-dia, para nos depararmos com as enormes insuficiências desse modelo teórico[59].

[59] Ver, por exemplo, Ronald Dworkin, *Hard Cases*, in *Taking Rights Seriously*, Cambridge, Harvard University Press, 1978 e *Law"s Empire*, Cambridge, Harvard University Press, 1986, em especial capítulos 2 e 4.

Pois é em certa medida essa descida do plano puramente abstrato para uma "teoria do direito aplicada" o movimento realizado por Hart nesses textos sobre o direito penal. Como se sai o seu positivismo jurídico nesse domínio? E, o que realmente nos importa, como fica a tese da separabilidade quando aplicada ao direito penal? Essas são as perguntas que servirão de pano de fundo ao presente capítulo.

8.1 Direito, liberdade, moralidade

Os escritos de Hart em direito penal podem ser divididos, para fins deste estudo, em duas categorias distintas. A primeira delas consiste em um conjunto de palestras proferidas na Universidade Stanford, reunidas num volume sob o título *Direito, Liberdade, Moralidade*, publicado em 1963, e que daria ensejo ao que ficou conhecido como o Debate Hart-Devlin. A segunda, que se estudará a seguir, refere-se ao conjunto de artigos publicados em *Punição e Responsabilidade, Ensaios em Filosofia do Direito*, em 1967. A distinção se baseia no fato de que, enquanto a primeira obra traz um Hart abertamente engajado em discutir questões morais envolvendo a lei penal, em *Punição e Responsabilidade* temos um Hart teórico analítico, procurando fazer com o direito penal algo semelhante com o que fez em *O conceito de direito*, embora as implicações morais de sua abordagem se façam muito mais evidentes.

Até a década de 1960, a lei penal inglesa era bastante conservadora, refletindo em grande medida uma moral cristã dominante. O aborto, a eutanásia, práticas sexuais heterodoxas (como a sodomia, a bestialidade e até mesmo o homossexualismo) e mesmo o suicídio eram punidos de forma bastante severa. Em 1957, um comitê formado para estudar o atual estado de coisas do direito penal inglês – o qual ficou conhecido como Comitê Wolfenden – apresentou seu relatório final sugerindo uma série de reformas tendentes à abolição de grande parte dessas infrações penais, com o argumento de que eram condutas meramente imorais, inofensivas a qualquer patrimônio jurídico que justificasse a coerção penal.

Muitas leis progressistas se seguiram a esse relatório nas décadas posteriores, sendo a descriminalizadora Lei do Suicídio de 1961 um marco nesse processo. Quando Hart profere as palestras, porém, esta era a única lei reformadora promulgada, havendo ainda muito por ser feito. De todo modo, o relatório deu início a um profícuo debate nos meios acadêmicos, provocando manifestações de todas as vertentes. Vale notar que o próprio Comitê contava com importantes intelectuais, tendo sido presidido por Bernard Williams.

O magistrado Patrick Devlin, futuro Lord Devlin, encabeçou um dos pólos do debate, apresentando argumentos conservadores no sentido de que a sociedade tem o direito de impor legalmente sua moral, sob o risco de ver seu tecido social desintegrar-se. Hart, por sua vez, encabeçou o argumento liberal de que o direito penal não pode ser usado para punir a mera imoralidade.

O debate Hart-Devlin reproduziu com incrível semelhança outro debate ocorrido quase um século antes entre o também magistrado James Fitzjames Stephen e o arquiliberal John Stuart Mill. Embora tratasse, de certa forma, de uma possível conexão necessária entre direito e moral – até que medida o direito deve impor coercitivamente a moral – o debate Hart-Devlin se manteve na esfera da filosofia moral. Hart, isto é, adotou uma postura crítica, no sentido de como o direito penal deveria ser, e não procurando fazer ciência descritiva. Por isso, passaremos ao largo desse debate, uma vez que não traz implicações à tese da separabilidade positivista, mas apenas uma importante demonstração da filosofia de matriz liberal que subjaz ao pensamento e à obra de Hart.

8.2 Punição e responsabilidade

A segunda categoria de escritos hartianos em direito penal consiste em uma série de artigos publicados a partir de 1959 e reimpressos em um único volume com o nome de *Punição e Responsabilidade: Ensaios em Filosofia do Direito*, em 1967. Se já havia certa ambivalência nos escritos declaradamente "analíticos" de Hart, que ora pareciam recorrer a argumentos metodológicos, ora lançavam mão de argumentos morais ou normativos em defesa de uma postura positivista quanto à relação entre direito e moral, essa ambivalência se torna bastante evidente nesses artigos, a tal ponto de tornar difícil classificá-los, como se costuma fazer, em textos de filosofia moral ou textos de teoria do direito.

Todos esses artigos têm como pano de fundo a explicação de diversos conceitos centrais ao direito penal, como responsabilidade, culpa, dolo, excludentes, causas de diminuição, atenuantes, etc., à luz das duas teorias rivais mais famosas, o Utilitarismo e o Retributivismo, procurando demonstrar que nenhuma delas sozinha é capaz de justificar a existência e a necessidade comum desses conceitos. Isto porque um único princípio – a utilidade ou a prevenção, por exemplo –, não consegue dar conta de um sistema tão complexo como o direito penal, certamente aquele em que o poder coercitivo do Estado se faz sentir com maior violência. É preciso, portanto, uma acomodação de diversos princípios, cada qual justificando uma ordem de questões diferente.

Hart distingue três delas e tece uma comparação entre os institutos da propriedade e da pena para a melhor visualização dessas diferenças. A primeira ordem de questões diz respeito à Definição: o que é a pena, ou o que é a propriedade? A segunda ordem de questões pode ser colocada da seguinte forma: o que justifica a prática punitiva do Estado? Ou: por que e em que circunstâncias ela é uma boa instituição para se manter? Esta pergunta leva ao chamado Objetivo Geral Justificador (*General Justifying Aim)* que, para Hart, deve ser utilitarista, como se verá logo abaixo. Por fim, a terceira ordem de questões pode ser intitulada "Distribuição" e se divide em dois momentos: 1) quem deve ser punido (ou quem deve adquirir propriedade) e 2) quanto de pena lhe deve ser infligida (ou quanto de propriedade lhe deve ser atribuída).

8.2.1 Definição

Ao tratar da primeira ordem de questões, relativas à Definição, Hart, no mesmo estilo analítico impregnado de filosofia da linguagem de *O conceito de direito*, seleciona o "caso central" da pena e dele extrai cinco elementos: (i) deve envolver dor ou outras consequências normalmente consideradas desagradáveis; (ii) deve se dar em virtude de uma infração a regras jurídicas; (iii) deve ser imposta sobre um criminoso pelo crime por ele cometido; (iv) deve ser administrada intencionalmente por outros seres humanos que não o próprio criminoso; (v) deve ser imposta e administrada por uma autoridade constituída por um sistema jurídico contra o qual o crime é cometido.

Mas se a pena deve recair sobre o ofensor, o que dizer da pena aplicada ao inocente? Não é pena? Para evitar o chamado *definitional stop* – "não é pena porque a definição de pena diz que ela deve recair sobre o ofensor.", "Ora, mas quem disse que essa é a definição?", etc. –, Hart elenca alguns casos "*sub-standard*", como é o caso da punição do inocente ou da imposição de penas dentro de uma família ou de um sistema religioso.

Em outras palavras, Hart está selecionando um caso central, um *core case*, da pena e, por extensão, do direito penal. O terceiro elemento da pena, a exigência de que ela seja aplicada ao ofensor pelo crime por ele cometido é uma exigência carregada de imposições morais. Para esclarecer melhor esta implicação, talvez seja importante relembrar alguns pontos de vista das duas principais teorias penais e notar de que modo tal exigência se relaciona com elas.

8.2.2 Utilitarismo e objetivo geral justificador

Para o utilitarismo clássico, a pena é um mal, uma inflição de dor ou sofrimento que, portanto, contribui para a diminuição da utilidade agregada geral. Os interesses do apenado de não sofrer devem ser contados igualmente com os interesses dos demais membros da sociedade em aplicar-lhe a pena. Tal é o corolário do princípio da igual consideração de interesses, um dos maiores atrativos da teoria utilitarista. Assim, para que a pena, não obstante, seja imposta, deve-se provar que o agregado de utilidade será maior a despeito do sofrimento causado, isto é, que a sociedade como um todo será beneficiada pela punição de um ofensor. O fim social, portanto, é o único objetivo por detrás das práticas punitivas do Estado, não cabendo falar em expiação dos pecados do ofensor, em vingança do ofendido ou coisa que o valha.

Esta é, aliás, a resposta, dada por um utilitarista, à segunda ordem de questões – o que justifica a prática punitiva do Estado? – relativas ao que Hart denomina de Objetivo Geral Justificador. Hart, note-se bem, concorda que o fim social é o único objetivo que legitimamente justifica a mantença da instituição da pena (2008:8-10). Ele é, portanto, um utilitarista no que diz respeito ao Objetivo Geral Justificador da pena.

A outra possível resposta a essa pergunta é dada pela teoria Retributivista, da qual Hart discorda veementemente. Um retributivista, em suas diversas versões, vê na pena o exercício de um direito da sociedade de retribuir o mal a ela causado, de se "vingar" do malfeitor ou mesmo de exigir a "expiação" ou "expurgação" do criminoso pecador. Hart acredita que o sentimento vingativo é irracional e, portanto, jamais deveria justificar o emprego de violência contra o cidadão por um sistema penal civilizado. Além disso, a pressuposição de que partem os retributivistas – a do livre-arbítrio do homem, que conhecia a regra, poderia se comportar de acordo com ela, mas escolhe de livre e espontânea vontade infringi-la e, com isso, cometer um pecado que deve ser expiado ou quebrar um pacto social que legitima a vingança – tornou-se muito controvertida, especialmente após os avanços da psicologia geral e forense no sentido de questionar o não-determinismo das práticas ilícitas.

8.2.3 Distribuição

Mas o que dizer da terceira ordem de questões, relativas à Distribuição? Isto é, quem deve ser punido e com que severidade? Para o retributivista, a resposta é simples: aquele que "pecou" ou que lesou a sociedade é quem deve ser punido. Seria um contra-senso, para o retributivismo, punir alguém a quem não se tem nada para "retribuir". E a quantidade da pena também deve ser medida pela "retribuição", isto é, deve levar em conta a suficiência da medida para expiar a culpa ou para vingar a sociedade de acordo com a gravidade do mal causado (2008:11-12).

Já para um utilitarista, a questão não é tão simples, pois a pena é apenas um mal necessário para a proteção da sociedade. Logo, a quantidade da pena deve ser aquela necessária para garantir a prevenção individual e geral, isto é, que o ofensor não volte a cometer o crime e também que outros não venham a cometê-lo. A pena, portanto, deve ser um desestimulador ostensivo da prática de crimes, o que só de forma indireta tem a ver com o indivíduo apenado. Por que, então, não punir um inocente ou aplicar a pena máxima em infrações muito leves – como a pena de morte para uma simples infração de trânsito –, se tal medida garantir a máxima prevenção geral e individual? Um utilitarista poderia responder que tal sistema provocaria um pânico geral ou, no mínimo, uma enorme insegurança nos indivíduos que, embora sacrifiquem muito de suas vidas ao cumprimento diligente das obrigações legais, possam, não obstante, ser punidos por algo que não fizeram. Esse clima de ansiedade certamente diminuiria o agregado de utilidade, perdendo em comparação para uma sociedade cujo sistema penal jamais contemplasse a punição de um inocente. A resposta, porém, não convence Hart, que acredita que a punição eventual de um inocente para salvar muitas vidas, ou da aplicação de uma pena extraordinariamente severa como ameaça geral em tempos de altos índices de criminalidade pode ser absolutamente compatível com a mais refinada teoria utilitarista (2008:12).

No entanto, todos os sistemas penais avançados, diz Hart, apresentam aversão a essas ideias e, quando alguma forma delas é admitida – como no caso da responsabilidade objetiva em algumas matérias penais[60] – isto é feito com a nítida consciência de que um importante valor está sendo sacrificado (*the lesser of two evils*) (2008:20). Isto demonstra que, se os sistemas penais mais avançados são utilitaristas em seu Objetivo Geral Justificador, não o são quanto à Distribuição da pena, revelando, neste aspecto, traços claramente "retributivistas", e as aspas servem para enfatizar que, na opinião de Hart, não se trata de uma consequência natural da adoção do Retributivismo como Objetivo Geral Justificador.

8.2.4 Pluralidade de princípios

Em outras palavras, o que Hart quer dizer é que uma única teoria ou escola penal não é capaz de acomodar os diversos princípios ou valores envolvidos nas diversas questões que compõem a prática punitiva do Estado. Assim, o fato de adotarmos o utilitarismo, ou uma resposta utilitarista, quanto ao Objetivo Geral Justificador, isto é, quanto ao que justifica a mantença da instituição da pena, não implica termos de adotar também o utilitarismo quando enfrentarmos as questões relativas à Distribuição da pena: quem e de que modo devemos punir. Do mesmo modo, a exigência de se punir apenas o ofensor pelo crime por ele cometido e com a severidade exigida por uma "escala de proporcionalidade relativa à gravidade do delito" não decorre da adoção do Retributivismo como Objetivo Geral Justificador. Isto porque, para o Retributivismo, a pena é sempre a retribuição por um ato, se não pecaminoso, ao menos imoral, do ofensor e Hart demonstra como vários crimes, punidos com esses mesmos princípios "retributivistas" na distribuição, não apresentam qualquer caráter imoral, mas apenas de política econômica – crimes financeiros, por exemplo –, guardando muito mais relação com as explicações utilitaristas para justificar a pena. Em suma, Hart adota o princípio da utilidade para a primeira ordem de questões, relativas ao Objetivo Geral Justificador da pena, mas adota um

[60] Hart argumenta que muitas formas de punição por responsabilidade objetiva não são, propriamente, de matéria penal, mas administrativa (2008:32).

princípio retributivista no momento de responder às questões relativas à Distribuição da pena. Hart não acredita estar, com isso, fazendo um *pout-pourri* de princípios inconsistentes entre si, mas enxergando com muita lucidez as diferentes ordens de questões envolvidas numa prática tão complexa quanto a penal, as quais exigem diferentes respostas.

Mas por que damos tanto valor ao princípio retributivo na Distribuição? Por que todos os sistemas penais modernos parecem adotá-lo, ainda quando a custo de, segundo Hart, "inegáveis" vantagens na prevenção e repressão da criminalidade? Para explicar o que está em jogo no princípio retributivo, Hart lança mão de conceitos centrais ao direito penal inglês, quais sejam, *justification*, *excuse* e *mitigation*.

8.3 *Justification, excuses* e *mitigation*

A ideia de *justification* encontra paralelo na excludente de antijuridicidade do direito penal brasileiro. Trata-se de um fato que, embora preencha os requisitos do tipo penal, não só não é condenado pelo direito, como muitas vezes é até encorajado, segundo Hart. Exemplo corrente é o do homicídio em legítima defesa, quando o agente mata para não morrer primeiro, vítima de uma agressão injusta.

Já as diferentes formas de *excuses* admitidas no direito inglês se assemelham às nossas excludentes de culpabilidade. O fato, embora típico e antijurídico, isto é, condenável *a priori* pelo sistema penal, foi cometido em circunstâncias tais que exclui a reprovação pública e a pena. Caso central de excludente de culpabilidade é o do agente cujas condições mentais no momento do crime não permitiam conhecer o conteúdo ilícito do ato nem de agir conforme tal conhecimento, como um sonâmbulo ou um indivíduo com sérias deficiências mentais. Há também os casos de movimentos reflexos, de automatismos e de coerção direta, quando o agente não possui controle dos seus músculos e, portanto, age sem aquilo que o direito penal inglês chama de "*mens rea*" ou "mente culpada" (2008:13-14). Hart afirma que as *excuses* são "**um requisito de equidade ou de justiça para com os indivíduos**, independente de qual seja o Objetivo Geral da pena, e permanece um valor sejam as leis boas, moralmente indiferentes ou iníquas" (2008:14, ênfase adicionada).

Por fim, o conceito de *mitigation* do direito inglês equivale às circunstâncias atenuantes e às causas de diminuição do direito penal brasileiro.

São casos em que a situação ou estado mental do agente era tal que estava exposto a uma tentação incomum, ou sua capacidade de controle estava prejudicada por fatores alheios à sua ação, etc., de modo que a conformidade com a lei era mais difícil no seu caso do que para uma pessoa comum.

Por *formal mitigation* entende-se uma redução da pena obrigatória, contida na própria lei através da estipulação de uma pena máxima inferior à pena máxima do crime original, cometido sem essas circunstâncias atenuantes. Seria, na verdade, a nossa causa de diminuição, que fixa praticamente um novo tipo penal, com suas respectivas penas mínimas e máximas. Hart dá o exemplo de homicídio cometido após provocação, que traria a tipificação de *murder*, punível, a seu tempo, com a pena de morte, para *manslaughter*, cuja pena máxima era a de prisão perpétua (2008:15). Há, ainda, a *informal mitigation*, concedida pelo juiz no caso concreto sem uma moldura prévia estabelecida em lei, algo como as nossas circunstâncias atenuantes.

Todas essas figuras são formas de diminuição da pena ou de não aplicação dela. São limites à busca de um fim social de prevenção ou repressão que se encontram estampados, em maior ou menor medida, em todos os sistemas jurídicos penais modernos. Hart se pergunta, então, o que as justifica, já que nenhum Objetivo Geral Justificador, por si só, o faz. Prova disso é que, mesmo num sistema considerado moralmente iníquo, isto é, cujo Objetivo Geral Justificador da pena seja imoral, a punição do inocente ou daquele que agiu sem intenção seria considerado um *plus* de iniquidade, ao passo que sua recusa em fazê-lo seria vista como "um sinal de graça".

A tentativa utilitarista de explicar a admissão dessas figuras remonta a Bentham, que se ateria ao fato de que a punição do inocente ou alguém cujas circunstâncias ou condição mental no momento do ato era tal que não poderia tê-lo evitado, não tem qualquer finalidade repressiva ou preventiva, uma vez que essas pessoas não escolheram infringir a lei. A pena não terá qualquer efeito benéfico sobre elas. Mas Hart vê nesse argumento um *non sequitur* (2008:19[61]), pois a ineficiência da ameaça da pena sobre o condenado não significa a ineficiência da execução da pena em si como uma poderosa ameaça aos demais membros da sociedade. Além

[61] Também na página 43, em artigo específico sobre excludentes, *"Legal Responsibility and Excuses"*.

disso, um utilitarista deveria ter em mente o alto custo que representa a admissão dessas excludentes, uma vez que aumenta consideravelmente as chances de ludibriar o tribunal alegando condições difíceis de serem provadas, permitindo que muitos culpados saiam ilesos e, ainda, estimulando outras pessoas a cometerem o ato, encorajadas pelas chances de jamais serem punidas.

8.3.1 Importância das excludentes de culpabilidade: princípios de justiça

A explicação dada por Hart para a existência de excludentes é muito reveladora. Em primeiro lugar, trata-se de uma exigência da Justiça, sendo que ela consiste em "princípios a serem observados ao lidarmos com interesses conflitantes de seres humanos, os quais (i) tratam a todos igualmente como pessoas ao atribuírem um significado especial à ação humana voluntária e (ii) proíbem o uso de um ser humano para o benefício de outros exceto se como punição por suas ações voluntárias contra eles" (2008:22).

Mas, complementando essa explicação, Hart chama a atenção para três outros pontos relacionados à importância que atribuímos às excludentes de culpabilidade:

a. A sociedade, que se considera lesada por um ato ilegal, quer que aquele que o cometeu **intencionalmente** seja punido: isso é valorado não como um Objetivo Geral Justificador, mas como o único modo **justo** de persegui-lo.
b. A sociedade oferece essas garantias porque vivemos em um sistema de deveres e direitos recíprocos e porque, dentro desse *framework*, nos é dada a chance de **escolher** entre obedecer à lei ou sermos punidos.
c. O direito penal é um método de controle social que maximiza a liberdade individual dentro de uma moldura coercitiva de diferentes formas: (i) o indivíduo tem a opção entre obedecer ou pagar[62];

[62] Hart reforça, em diversas passagens, seu compromisso com uma visão liberal de direito penal, inclusive traçando paralelos não só entre este e o direito contratual, como visto, mas também com o direito comercial. Veja, por exemplo, esta passagem: "Devemos parar, portanto, de considerar o direito simplesmente como um sistema de estímulos forçando o

(ii) tal sistema não apenas permite que os indivíduos exerçam esse poder de escolha, como também aumenta o poder de identificarem, de antemão, períodos em que as sanções jurídicas não interferirão, podendo planejar suas vidas de acordo com esses fatores.

8.3.2 Punição da tentativa

Outra noção cara ao direito penal de todos os sistemas modernos que Hart utiliza para mostrar a incapacidade de apenas um princípio de dar conta de acomodar valores conflitantes é a figura da tentativa, ou a punição do crime tentado. Trata-se de uma prática generalizada de punir com menos rigor o agente cujo ato não tenha consumado um crime. O que explica isso? Uma teoria retributivista que tenha como base para a punição a imoralidade do ato teria sérios problemas para responder à questão, uma vez que o ato do crime tentado é exatamente o mesmo do crime consumado, este não ocorrendo apenas por circunstâncias alheias à vontade do agente. O objetivo de prevenção também não explica, pois aquele que não consumou o crime pode ter tanta disposição para praticá-lo de novo quanto aquele que o fez. Então por que não puni-los de igual forma, com a mesma severidade? Hart, neste ponto, relembra uma exceção referente a "raros" casos de crimes que apresentam o chamado *locus poententiae*, isto é, longos períodos de execução que permitem ao agente se arrepender e desistir. Nestes casos, se a pena fosse igual, não haveria nenhum motivo para não levar a cabo o intento. Mas são raros casos, segundo ele, que não alteram a conclusão de que a admissão generalizada de uma figura específica de tentativa, com penas mais suaves do que as dos respectivos crimes consumados, só pode ser explicada por uma noção de justiça que vai além das consequências naturais da adoção de um ou outro Objetivo Geral Justificador, seja ele utilitarista ou retributivista.

indivíduo a obedecer através de suas ameaças. Considere o direito não como um sistema de estímulos, mas como algo que pode ser denominado de um sistema de *escolhas*, no qual os indivíduos podem descobrir, ainda que em termos gerais, os custos que eles terão de pagar se agirem de certos modos... o que um sistema jurídico que torna a responsabilidade dependente de ausência de condições excludentes faz é guiar as escolhas individuais quanto às suas condutas, apresentando-lhes razões para que façam suas escolhas no sentido da obediência, mas deixando-os livres para escolher." (2008:44).

Assim, Hart conclui que apenas um conjunto de diferentes princípios, todos relacionados a uma visão bastante liberal de justiça, é capaz de explicar nossas preferências por um sistema que praticamente elimine casos de responsabilidade objetiva, levando em conta a intenção do agente e as consequências lesivas do ato[63]. Trata-se de uma reinterpretação dos principais conceitos do direito penal que "enfatizaria as ideias praticamente universais de equidade ou justiça e o valor da liberdade individual" (2008:181). A importância dessa escolha se revela quando imaginamos um sistema em que toda a responsabilidade fosse objetiva: "O que perderíamos? Entre outras coisas, nós perderíamos a capacidade, que o atual sistema nos garante em alguma medida, de prever e planejar o curso futuro de nossas vidas dentro da moldura coercitiva do direito" (*idem*).

Nosso sistema apenas é legitimado a interferir quando um dano foi causado e se provou ter sido causado com algum tipo de *mens rea*. Há um preço a ser pago por isso, que é o preço da evasão de culpados pela alegação de excludentes ou pela não comprovação da consumação do crime. Mas é também "o preço que pagamos pelo reconhecimento geral de que o destino de um homem deve depender de sua escolha, o que promove a virtude social mais importante da auto-restrição" (2008:182).

8.3.3 Escolha do caso central da pena

Mas voltemos à questão que, na verdade, originou toda essa exposição de conceitos penais e sua abordagem por diferentes escolas ou teorias. Hart, ao enumerar os elementos da pena contidos no chamado "caso central", traz entre eles a exigência de que a pena seja aplicada ao ofensor pelo crime por ele cometido. Trata-se, em sua teoria, de um *elemento de definição* do caso central, sem o qual não se trataria de pena propriamente dita, mas de um caso "*sub-standard*" de pena.

Como se viu, porém, essa exigência não decorre diretamente da adoção de um ou outro Objetivo Geral Justificador, mas de uma noção quase

[63] Nesse sentido, Hart afirma no fechamento de um dos artigos, *Punishment and the Elimination of Responsibility*: "Minha preocupação foi apenas de mostrar que o princípio da responsabilidade, que pode ser sacrificado quando o custo social de sua manutenção for muito alto, possui um valor e importância independentes de teorias retributivas ou denunciatórias da pena, as quais podemos muito bem descartar" (2008:185).

universal, segundo Hart, de justiça. Trata-se de uma alegação bastante carregada de valores morais enraizados em uma visão liberal da função ou *point* do direito penal.

Não há nada de comprometedor em Hart ou em qualquer outro autor ao defender moralmente uma teoria liberal acerca da função do direito. Isto é "fazer filosofia moral", o que não teria nenhuma relação necessária com o "fazer teoria analítica". Hart poderia defender em um artigo que o direito não poderia coibir as práticas homossexuais e, ao mesmo tempo, "descrever" um sistema jurídico plenamente válido e eficaz em que tal coibição tem lugar. O *ser* do direito não se confunde com o seu *dever ser*, e esta é uma das primeiras e mais elementares lições que se aprende do estudo do positivismo jurídico.

O problema está em saber exatamente se os textos em direito penal de Hart são mesmo exercícios em filosofia moral, isto é, se Hart está a discutir o *dever ser* do direito penal, ou se são textos analíticos ou descritivos, trabalhando com o direito penal tal qual ele *é*.

Não parece que seja a primeira alternativa e um dos motivos é porque Hart fala sempre em "caso central" da pena, ou seja, está procurando os sistemas jurídicos penais existentes e analisando suas características ou elementos definidores, que os distinguem dos demais sistemas normativos. Mas, ao fazê-lo, trata de uma noção de justiça não como um fato contingente que se encontra em todos os sistemas penais, mas um verdadeiro requisito moral. Se é assim, é curioso pensar que o seu "conceito" de direito penal tenha um elemento carregado de valor moral, de justiça, como ele mesmo diz, sem o qual seria um caso fora do padrão, embora pudesse ser formalmente válido e eficaz. Por que ele não faz o mesmo com o conceito de direito em geral? Por que ele negaria um elemento definidor decorrente de um princípio "universal" de justiça para o direito como um todo, enquanto o exige para um ramo dele?

É interessante notar como logo na primeira página de *Punição e Responsabilidade*, aparece uma expressão, à primeira vista inócua, mas que agora adquire outra dimensão. Hart diz que seu propósito é o de apresentar uma "descrição moralmente aceitável da pena". Por que ele não se preocupa em dar uma descrição também moralmente aceitável do direito em geral? Por que, ao falar de direito penal, é importante ressaltar um elemento de justiça, sem o qual o caso deixaria de ser padrão, mas ao falar do direito como um todo, Hart insiste na independência entre as esferas do fenômeno jurídico e do fenômeno moral, ainda quando requisitos mínimos de justiça também são universalmente encontrados nos sistemas modernos?

Esta necessidade de uma descrição moralmente aceitável da pena guarda estreita relação com o que Hart entende ser o "*point*", a função e finalidade do direito penal, que é o de anunciar à sociedade que certas ações não devem ser cometidas e assegurar que o mínimo delas o seja. Ora, se para dar efetividade ao *point* do direito penal é necessário um elemento de justiça, parte da própria definição da pena – muito embora pudesse existir um sistema penal plenamente válido e eficaz que o ignorasse –, só nos resta perguntar por que Hart também não identifica explicitamente um *point* do direito como um todo, igualmente dependente de algum critério de justiça, sem o qual deixaria de ser um caso padrão. Esse é, aliás, o argumento presente em jusnaturalistas como Lon Fuller e John Finnis.

Parte do argumento desse trabalho consiste em mostrar que Hart, embora não o tenha feito explicitamente, reconhece, sim, um *point* do direito como um todo, e daí decorrem todas as postulações morais que encontramos em sua obra analítica, dentre elas a necessidade de uma teoria do direito cujos critérios de validade para a norma não sejam dependentes de uma filosofia moral controversa, embora esta não seja uma constatação descritiva de como os sistemas jurídicos efetivamente são, mas um postulado acerca de como eles deveriam ser[64].

[64] Quando afirmo que Hart não reconhece um *point* do direito como um todo, tenho em mente, porém, sua admissão de um mínimo de direito natural referente ao imperativo de sobrevivência do homem em sociedade. Poder-se-ia alegar, portanto, que a garantia dessa sobrevivência é um *point* do direito explicitamente reconhecido pelo autor. Meu argumento, no entanto, vai além, atribuindo à sua teoria a pressuposição de algo muito mais substantivo em termos de justiça do que a mera proteção da vida humana. Vimos como seus argumentos são extremamente liberais, permeados por uma filosofia utilitarista que remonta ao positivismo benthamiano e sempre ligados à capacidade dos indivíduos de planejarem suas vidas com a certeza dos limites da interferência da coerção estatal – o que Dworkin chamou de "ideal das expectativas protegidas". Garantir a segurança jurídica e a liberdade individual é muito mais do que simplesmente garantir a sobrevivência humana e, por isso, podemos afirmar sem ambiguidade que Hart não reconheceu esse *point* explicitamente, embora não faltem argumentos de defesa do positivismo nesse sentido em sua obra.

9.
POSITIVISMO HARTIANO: AINDA DESCRITIVO E MORALMENTE NEUTRO?

9.1 Recapitulando

Iniciei o trabalho afirmando que Hart defende uma teoria positivista do direito. Vimos que muitas são as versões dessa escola de pensamento e nem todos os autores compartilham de todas as teses a ela identificadas. Hart, assim, se distancia em muitos aspectos importantes de uma longa tradição que o precedeu, afastando-se de modelos teóricos como o de Bentham, Austin e Kelsen. Apesar das diferenças, no entanto, todos sustentam uma tese em comum, a da separabilidade entre direito e moral. Deparamo-nos também com a necessidade de se qualificar essa tese, já que há muitas formas de conexão possíveis entre direito e moral não necessariamente negadas por um positivista jurídico. A questão da separabilidade se dá, portanto, em um nível conceitual e não empírico, isto é, no mundo dos fatos é inegável a influência da moral sobre o direito e mesmo a existência, segundo os positivistas moderados como Hart, de critérios morais de validade do direito. Todavia, o conceito de direito para ele é neutro e independente dessa conexão.

Hart quer oferecer uma sociologia descritiva do direito, ou seja, quer apontar e salientar os aspectos recorrentes dessa prática social que se mantêm os mesmos a despeito das diferenças marginais que ela apresenta em diferentes tempos e lugares. Em outras palavras, Hart quer escolher o caso central do direito, desde uma perspectiva interna (a que é que nos referimos quando usamos a palavra "direito"?). É claro que, como todo conceito, o direito comporta um núcleo de significado mais ou menos incontroverso, mas também uma área de penumbra sobre a qual é impossível haver qualquer determinação. Assim, o conceito de direito apontaria, em nossas práticas sociais compartilhadas, para aquele sistema de regras consistente na união de regras primárias e secundárias. Um sistema que não apresente essas feições poderia ainda ser "direito", mas tratar-se-ia de um caso de penumbra, de fronteira ou periférico. É aqui, nesse momento conceitual que entra a tese da separabilidade. O conceito de direito positivista de Hart se pretende neutro moralmente, isto é, aquela união de regras primárias e secundárias não apresenta nenhuma conexão necessária com a moral.

Para que esse projeto seja bem-sucedido é preciso que a descrição se ajuste ao objeto descrito, ou seja, que o caso central do direito seja de fato moralmente neutro, ou que a moral seja apenas um elemento contingente do conceito de direito. Sabemos, porém, que a possibilidade desse tipo de projeto é bastante controvertida e é preciso um esforço maior do que a simples postulação de sua obviedade. É preciso um esforço no sentido de defender em bases metodológicas (ou empíricas, argumentando que o caso central do direito *de fato* é moralmente neutro) essa concepção neutra do direito. Foram esses argumentos que procuramos encontrar na vasta bibliografia de Hart. Daí a importância de recuperar não só obras consagradas como *O conceito de direito* e os artigos reunidos em *Ensaios em Teoria do Direito e Filosofia*, mas também escritos menos estudados como os *Ensaios sobre Bentham* e os escritos em direito penal. Foram diversas as defesas de Hart do seu projeto positivista e, sobretudo, da tese da separabilidade. Ao buscarmos compreender a natureza desses argumentos, porém, com facilidade percebemos que não se tratam de defesas metodológicas – sobre a possibilidade de uma teoria do direito moralmente neutra, decorrente da neutralidade moral de seu objeto de estudo. A maior parte dos argumentos de Hart é normativa, no sentido da superioridade de uma abordagem positivista, dos "méritos" morais, e não teóricos, de se enxergar o direito como um empreendimento apenas contingentemente associado à moral. Mesmo no Pós-escrito, onde o desafio metodológico estava claramente lançado e certamente foi compreendido por Hart, o autor dedica apenas poucas linhas para enfrentá-lo, e o faz de maneira superficial, no sentido de insistir em que parece óbvia a possibilidade de se fazer uma descrição neutra, ainda quando o que se descreve é uma avaliação.

Essa insistência na neutralidade moral do caso central do direito sofre, porém, um sério abalo quando estudamos os escritos em direito penal.

Ali, Hart procura usar a mesma técnica analítica que absorveu em seu fértil contato com a filosofia da linguagem efervescente à época para encontrar um "conceito" de pena – e, por decorrência, de direito penal. O que queremos dizer quando falamos em "pena"? A que práticas sociais esse conceito aponta? Vimos, então, que Hart seleciona um caso central da pena no qual um requisito de justiça – que a pena seja aplicada ao ofensor pela ofensa por ele cometida – figura como elemento *necessário,* e não contingente, dessa prática social, contrariando uma expectativa natural de seu leitor de que ele apresentasse, também ali, um conceito moralmente neutro, onde a justiça fosse apenas um elemento contingente – bastante frequente em termos empíricos, mas conceitualmente dispensável.

O que mudou? Qual a razão desse tratamento diferenciado para um ramo específico do direito? Hart identifica um *point,* do direito penal, sua função e finalidade, que é o de anunciar à sociedade que certas ações não devem ser cometidas e *assegurar* que o mínimo delas o seja. Esse *point* só é alcançado, diz Hart, considerando-se aquele elemento de justiça, daí sua necessidade conceitual. Unindo sua visão de direito penal com a filosofia da linguagem que ele adota, podemos dizer que um sistema que punisse o inocente, por exemplo, até poderia ser chamado de direito penal, mas seria um caso *sub-standard,* de fronteira, porque, quando falamos em pena e em direito penal, o núcleo de significado compartilhado em nossas práticas sociais relaciona a pena com a punição do ofensor pela ofensa por ele praticada. Assim, a identificação do *point* do direito penal foi fundamental para a identificação desses conceitos.

Questionamos, então, por que Hart também não teria identificado um *point* no direito em geral, o qual exigisse igualmente um requisito de justiça e que este acabasse integrando a definição ou o caso central do conceito de direito. Vimos que, na verdade, Hart o identifica, ainda que o faça de maneira implícita. Podemos notar nos seus muitos argumentos em defesa da tese da separabilidade que o *point* do direito, desde sua perspectiva, é o de preservar alguma concepção do princípio da legalidade ou de proteção das expectativas, a qual só poderia ser efetivamente assegurada se o direito fosse independente da moral, isto é, não dependesse para sua validade de critérios controvertidos de filosofia moral.

A neutralidade conceitual do direito, portanto, decorre do *point* a ele atribuído ou nele identificado. Mas se trata de uma postulação normativa, de como é melhor que o direito - e a teoria do direito - seja para que alcance sua finalidade. Isto porque poderíamos supor que, se Hart estivesse mesmo fazendo sociologia descritiva, observando os sistemas jurídicos modernos para neles buscar o caso central do direito, isto é, a quais práticas sociais nosso uso do conceito "direito" aponta, teria muita dificuldade em encontrar um só sistema de regras que não apresentasse uma conexão necessária com a moral no nível mais comprometedor de todos, que é o nível da Regra de Reconhecimento.

Hart admite que a Regra de Reconhecimento possa incorporar critérios morais de validade e é por esta razão que ele é um positivista moderado ou inclusivista – categorias formadas pelo debate atual em teoria do direito – e não um positivista extremado ou exclusivista. Todavia, esse reconhecimento não basta. Porque uma sociologia verdadeiramente descritiva, se é que é possível, deveria concluir que o caso central do direito contém algum elemento necessário de justiça e que um sistema que não apresentasse esse requisito poderia ainda ser direito, mas como um caso de fronteira, *sub-standard*, como Hart fez com o direito penal.

Se o aspecto interno, com suas razões, é essencial para a correta compreensão das regras e dos sistemas jurídicos, a seleção do ponto de vista é uma tarefa fundamental do teórico que pretende descrevê-las. Qual aspecto interno deve ser considerado, isto é, do ponto de vista de quem o aspecto interno das regras deve ser estudado? É claro que a compreensão das regras e as razões para sua observância podem ser muito variadas. Basta pensar na diferença, em relação ao direito, entre um indivíduo leigo, ignorante mesmo das leis, e um juiz. Nenhuma teoria seria capaz de abarcar todas essas perspectivas, então uma escolha, um corte epistemológico deve ser feita. Hart endereçou essa questão afirmando que é o ponto de visto dos oficiais, isto é, das autoridades aplicadoras do direito, que deve ser privilegiada na descrição do fenômeno jurídico. Isto porque podemos bem imaginar uma sociedade em que todos os indivíduos obedeçam à lei por tradição, por medo ou mesmo por automatismo – ou seja, por *motivos* e não por *razões*. Seriam, como diz Hart, um triste rebanho podendo acabar no matadouro. Mas conquanto os oficiais ajam por uma *razão*, não há nada que possa negar a esse sistema o nome de direito (2007:128-29).

Por outro lado, um sistema em que os juízes aplicassem as leis aleatoriamente, jogando dados, tarô ou de acordo com o que comeram no café da manhã poderia até se assemelhar em tudo a um sistema jurídico – „regras" primárias e secundárias, existência de tribunais, etc. –, mas na verdade não passaria de um simulacro de sistema jurídico, visto que não é esse o "jogo" do direito que um teórico descritivo observa nas práticas sociais. Juízes, na sua enorme maioria – e tem de ser assim –, não jogam dados, nem decidem arbitrariamente, mas *aceitam* as leis e as regras jurídicas em geral como padrões decisórios, como *razões* para decidir em tal ou qual sentido. Essa é a linguagem do jogo do direito e uma teoria incapaz de dar conta desse aspecto definidor perderá sua atratividade enquanto abordagem descritiva.

Logo, se é o ponto de vista dos aplicadores do direito o privilegiado pelo teórico descritivo, porque o único que precisa ter razões para a conformidade, temos que conhecê-lo melhor. Afinal, de que maneira os juízes e autoridades legais enxergam e aplicam o direito? Se por um lado Hart e outros positivistas pós-virada linguística como Raz se diferenciam de positivistas clássicos como Austin e Kelsen precisamente por distinguirem o ponto de vista interno do ponto de vista do sujeito que apenas obedece à lei por temor às sanções que se seguiriam à eventual não-obediência, por outro lado eles se recusam a ir adiante, reconhecendo que esse mesmo ponto de vista interno entende o direito como algo intimamente ligado a critérios morais de justiça.

Tanto para Hart como para Raz, não importam as razões que levam os oficiais a obedecerem ao direito, já que um juiz pode apresentar considerações as mais diversas, como interesses pessoais de longo prazo, atitude herdada ou tradicional irrefletida ou o mero desejo de proceder como os outros. Mas Raz ainda vai além, imaginando e admitindo como "ponto de vista legal" o ponto de vista de um anarquista que se torna juiz pensando em que, se ele obedecer à lei na maior parte do tempo, poderá violá-la nas poucas mas importantes ocasiões em que fazê-lo significará destruí-la.[65]

[65] Joseph Raz, *Practical Reason and norms*, Oxford, Oxford University Press, 1999, tópico 5.4.

É interessante notar de que modo esses autores positivistas deixam de lado seu compromisso descritivo neste exato momento de explicação do ponto de vista interno, recorrendo a casos extremos e até irrealistas para defenderem a tese da separabilidade. Esse recurso a exemplos como o do anarquista foge ao padrão analítico desses teóricos, porque não é assim que os juízes pensam e agem e porque a existência de um ou outro juiz anarquista de fato não levaria ao colapso de um sistema jurídico complexo. Para todos nós juristas e, sobretudo, para os juízes, é notável e óbvia a diferença existente entre um juiz "normal", engajado em aplicar a lei porque com isso irá promover uma importante função social – ainda que seja um juiz cuja ideologia moral identifique o direito com a ordem ou a proteção das expectativas, e não com alguma forma de justiça mais substantiva –, e um juiz subversivo, alienado ou sem qualquer vocação para o ofício. Esses são considerados casos atípicos ou, para usar a terminologia de Hart, "*sub-standard*" ou de "fronteira".

John Finnis, ao analisar essa questão da escolha do caso central desde a perspectiva interna das autoridades, resume com clareza o argumento: "Pois não é difícil discernir que o ponto de vista do juiz anarquista de Raz (...) não é um paradigma quer do ponto de vista jurídico, quer do ponto de vista legal. Nem o anarquista nem seus companheiros iriam considerar isso dessa forma. Por que então iria fazê-lo o teórico descritivo?" E conclui: "Todas essas considerações e atitudes, então, são manifestamente casos desencaminhados, diluídos e atenuados do ponto de vista prático que faz surgir a lei como um tipo significativamente diferenciado de ordem social e a mantém assim"[66].

Podemos dizer, portanto, que o caso central da razão interna do direito – de seu ponto de vista interno – é uma razão moral, ainda que não necessariamente ligada à justiça. Essa é a linguagem do jogo argumentativo dos juízes e tribunais, ainda que possa haver – e há – muitos exemplos de casos desviantes. A insistência em "descrever" o direito de outra forma, focando no juiz anarquista ou alienado ao invés do juiz "normal" revela mais um momento da preocupação de positivistas como Hart e Raz de

[66] John Finnis, *Lei natural e direitos naturais*, São Leopoldo, Unisinos, 2006, pp. 26-27.

manter a teoria do direito longe da filosofia moral, preservando a tese da separabilidade.

Procurei mostrar, ao longo da exposição, alguns argumentos que poderiam ser apresentados em favor do modelo teórico de Hart, sempre os descartando como insuficientes para manter sua neutralidade. Buscamos, ainda, na própria obra de Hart, o que ele poderia dizer em sua defesa. Vimos, porém, que ele, em sua última oportunidade de se manifestar sobre o assunto – nos textos que se tornaram o Pós-escrito de 1994 – apenas reiterou, por um lado, a ideia de que seu projeto descritivo era igualmente factível junto com o projeto interpretativo de Dworkin, sem explicar melhor como e, por outro lado, repetiu os argumentos normativos quanto aos méritos de se adotar uma postura positivista. O que significa dizer que Hart não foi o melhor defensor de suas próprias ideias nesse momento.

Não é o objetivo deste trabalho recorrer a outros autores positivistas e suas particulares defesas da viabilidade de um projeto teórico descritivo do direito, porque isso exigiria um tratamento adequado de seus sistemas de pensamento, com suas nuances e características próprias. Mas é possível trazer *argumentos* que um positivista contemporâneo poderia aduzir, não em defesa do positivismo em geral, cada um com suas versões e teses variadas, mas do modelo de Hart em particular. Em outras palavras, o que um "hartiano" poderia dizer em sua defesa?

9.2 Positivismo jurídico: ainda descritivo e moralmente neutro?

É preciso insistir em que todo o trabalho foi desenvolvido com base numa leitura conjunta da obra de Hart, e não em autores diversos que escrevem sobre a teoria hartiana ou sobre o problema metodológico da separação entre direito e moral como um todo. Ou seja, não se buscou na obra de Dworkin, Finnis, Fuller, ou de tantos outros críticos, argumentos contra Hart, mas em sua própria bibliografia, entendida como um sistema de pensamento coeso. Da mesma forma, argumentos em favor da neutralidade do positivismo devem ser extraídos de sua obra e não de outros autores positivistas. Podem-se identificar, com este fim, três formas de defesa, algumas das quais já foram mencionadas de passagem em capítulos anteriores.

a. A primeira forma de defesa que precisamos considerar pretende pôr em xeque muito do que foi discutido até o momento e merece, portanto, uma atenção especial. Vamos assumir que exista um conteúdo descritivo no positivismo jurídico, isto é, uma prática social que consistem em meros *fatos* a serem observados pelo teórico analítico. Para facilitar, vamos estipular que X representa esse conteúdo descritivo. O argumento, então, pode ser escrito da seguinte maneira: "é verdade que X, e é moralmente bom que se reconheça que X". Ou seja, Hart nunca teria negado o valor moral (ou político especificamente) de se adotar uma postura positivista. Mas "é bom que seja X" é perfeitamente compatível com "é um fato que X", a verdade de uma proposição não é afetada pelo interesse moral ou político em seu endosso pelo teórico.

Essa forma de defesa atribui um *non sequitur* ao argumento deste trabalho, pois estar-se-ia inferindo que o conteúdo descritivo das afirmações de Hart acerca da natureza do direito - "é um fato que X" –, *decorre* de sua crença de que é benéfico acreditar nesse fato e reconhecer sua importância. Aliás, tudo o que foi dito acerca da influência de Bentham sobre Hart e mesmo do caráter "benthamiano" de seus argumentos em defesa do positivismo e da tese da separabilidade em especial apenas reforçaria tal confusão. Pois nenhum positivista jamais negaria que as teorias do direito emergem de um pano de fundo intelectual e político e são frequentemente motivadas, implícita ou explicitamente, por uma visão moral ou política bastante sólida. Mas isso não quer dizer que o positivismo jurídico seja, em qualquer sentido relevante, uma teoria normativa, nem prova que a verdade de suas proposições descritivas dependa da verdade de suas motivações normativas, concedendo que elas existam.

b. Segunda forma de defesa. A primeira forma de defesa acima comporta ainda uma variante. Uma objeção preliminar poderia sustentar que Hart não só disse que "é moralmente bom que se reconheça que X", mas que "é verdade que X, e X é uma boa coisa". Notemos a diferença importante: Hart não só afirmaria que é bom que reconheçamos a importância do conteúdo descritivo do positivismo, mas que esse conteúdo é de fato bom. Esta variante pode ser encontrada, sobretudo, naqueles trechos em que Hart afirma a superioridade de um sistema jurídico em relação a um sistema pré-jurídico. Lembremos que, para Hart, a chave da ciência do direito está em entender seu objeto de estudo como a união de regras primárias e secundárias. Porém, no capítulo 5 de *O conceito de direito*, por exemplo, Hart vai além, dizendo que isso foi um avanço, que as regras secundárias *remediam defeitos* de um sistema composto unicamente por regras primárias. A adição de regras secundárias, portanto, torna o direito mais desenvolvido e melhor para servir suas funções sociais. Já foi dito que autores como Stephen Guest, Stephen Perry e Jeremy Waldron enxergam normatividade nesse argumento.

Mas uma defesa importante de Hart pode ser apresentada da seguinte forma. Existe uma diferença crucial entre as duas formas de proposições seguintes:

B é X, e isto torna B bom.

B é X, e isto torna um bom B.

Se a alegação de Hart possui a forma da primeira proposição, então, poderiam dizer seus defensores, deveríamos nos preocupar com uma possível mistura entre descrição e avaliação do direito. Mas na verdade, continuariam eles, Hart apenas diz que o desenvolvimento de regras secundárias permite ao direito servir melhor às suas funções; ele se torna mais eficiente, *enquanto* direito. Isto é perfeitamente consistente com a alegação de que o direito é o que é, independentemente de seus méritos morais. O fato de uma faca ser afiada, por exemplo, não torna a faca "boa" num sentido normativo-moral de "bom". Ele apenas faz com que seja uma boa faca, eficiente para a função de uma faca, igualmente apta a cortar o pão ou a matar alguém.

Esse argumento nos remete de volta aos *Ensaios em teoria do direito*, sobretudo ao debate Hart-Fuller, em que vimos Hart usar dessa mesma defesa. Lembremos do exemplo do envenenador: se alguém quiser matar a outrem por envenenamento, *deve* escolher um veneno incolor, inodoro, que não cause vômitos etc. Isso não faz com que exista uma "ética do envenenamento". Estaríamos cometendo o erro básico de confundir princípios que norteiam qualquer atividade teleológica com princípios morais. Da mesma forma, os princípios da legalidade – a moralidade interna do direito – que Fuller desenvolve e que Hart reconhece como integrantes de qualquer sistema jurídico moderno são, na verdade, apenas princípios de eficiência, para que o direito cumpra ou desempenhe sua função que é a de guiar a conduta humana em sociedade. Isto porque eles, como Hart insistia em diversas passagens de sua obra, "são compatíveis com muita iniquidade".

c. Terceira forma de defesa. Ainda utilizando "X" para representar o conteúdo descritivo do positivismo jurídico, podemos enunciar a terceira forma de defesa da seguinte forma: "Determinar se X ou não X não depende de alegações normativas". Vale notar que as duas formas anteriores diziam respeito a ser o conteúdo descritivo moralmente neutro ou não (dizer que X é bom não quer dizer um "bom" moral, mas um "bom" de eficiência). Esta terceira forma trata da metodologia positivista, e já foi trazida em diversas passagens ao longo deste trabalho. Resumidamente, o argumento alega que formar uma visão teórica acerca de um propósito ou um valor que explica uma prática social não é o mesmo que formar um julgamento moral sobre ele, nem um implica o outro. Ou seja, existe uma diferença crucial entre perceber e descrever um valor e ter um julgamento avaliativo a seu respeito. Trata-se da repetição do argumento do Pós-escrito de 1994, de que "uma descrição pode ainda continuar a ser descrição, mesmo quando o que é descrito constitui uma avaliação" (2007:306).

As três formas de defesa acima apresentam um desafio comum, relativo ao problema da escolha do caso central em direito e, por isso, serão enfrentadas conjuntamente. O primeiro aspecto importante que elas ressaltam reside na relação entre razão prática e normatividade ou, ainda, entre a moral e qualquer atividade teleológica.

9.3 Razão prática e normatividade

Em diversos momentos referi-me à ideia de um *point* do direito identificado por Hart e que estaria na base de suas convicções morais sobre o papel do direito e de uma teoria jurídica. Mas o argumento trazido pela segunda forma de defesa acima coloca um desafio importante: afinal, os princípios identificados e reconhecidos por Hart em todas aquelas passagens não seriam apenas princípios de eficiência, permitindo que o direito cumpra sua função social reguladora, seja ela moral ou imoral, isto é, sendo capaz de comportar grande iniquidade?

Precisamos analisar de perto esse momento bastante significativo em que Hart expõe o argumento da eficiência com todas as letras, por ocasião do seu debate com Lon Fuller:

> "O envenenamento é, sem dúvida, uma atividade intencional [*purposive*], e reflexões acerca de seu propósito podem demonstrar que ele possui seus princípios internos. („Evite venenos, não importa quão letais, se eles provocam vômitos na vítima" ou „Evite venenos, não importa quão letais, se seu formato, cor ou tamanho tem chances de chamar a atenção") Mas chamar estes princípios da arte do envenenador „a moralidade do envenenamento" simplesmente borraria a distinção entre a noção de eficiência para um propósito e aqueles julgamentos finais sobre atividades e propósitos dos quais a moral, em suas várias formas, se ocupa" (1983:350).

Essa crítica à moralidade interna do direito de Fuller já havia sido apresentada, como vimos, em seu artigo *Positivismo e a separação entre direito e moral,* embora nele Fuller não tenha sido citado textualmente. Porém, algumas páginas adiante, quando Hart pretende responder de forma mais defensiva à caracterização do positivismo jurídico como uma teoria que não consegue sequer explicar o que há de errado em um sistema de leis totalmente retroativas, já que o valor "legalidade" é meramente contingente e não conceitualmente necessário, Hart faz afirmações surpreendentes. Trata-se do exemplo do caso da informante nazista, que ocupou os tribunais do pós-Guerra. O caso levantava a questão de se punir uma mulher em 1949 por ter denunciado seu marido às autoridades em 1944 de acordo com leis hediondamente opressoras do regime nazista publicadas em 1934 e 1938. Uma "saída jusnaturalista" encontrada, segundo Hart, foi dizer que tais leis não eram na verdade leis porque eram injustas. Isso, como vimos na sua argumentação, não passava de um artifício legal para ocultar a verdadeira questão por detrás, que era a necessidade que o mundo sentiu de punir pessoas que cometeram atos imorais, embora juridicamente válidos, sob a vigência do regime nacional-socialista alemão. A única saída honesta, segundo Hart, era puni-los por leis retroativas através de tribunais de exceção, o que significaria "sacrificar um **princípio moral** muito precioso endossado pela maioria dos sistemas jurídicos" (1983:77).

Ou seja, por uma questão de algumas páginas, Hart confere aos princípios da legalidade de Fuller – que seriam apenas princípios de eficiência – um *status* moral no sentido mais estrito do termo; eles são orientados para a felicidade humana e a liberdade e, como tais, são partes de uma teoria do direito normativa. Lembremo-nos das citações já feitas: "A generalidade normal do direito [um dos atributos do princípio da legalidade] é desejável não apenas por razões de economia [ou de eficiência, poderíamos dizer], mas porque possibilitará que os indivíduos prevejam seu futuro... esta é uma poderosa contribuição à liberdade e felicidade humana" (1983:356-57).

Três anos mais tarde, já encerrada a troca de artigos com Lon Fuller, vamos encontrar essa outra declaração, também reunida nos *Ensaios em teoria do direito* já estudados: "Do ponto de vista do indivíduo, eles [os princípios da legalidade] são mais do que isso [princípios de eficiência]: eles são exigidos para que o indivíduo tenha a vantagem de saber, de antemão, as maneiras pelas quais sua liberdade será restringida nas diversas situações em que ele possa se encontrar, e ele precisa desse conhecimento para planejar sua vida" (1983:115).

Como disse Jeremy Waldron analisando essas passagens, "Bem, se isto não é uma caracterização moral desses princípios ou da racionalidade desses princípios, eu não sei o que é"[67]. Podemos, então, descartar a segunda forma de defesa, que veria a normatividade dos argumentos de Hart apenas como ligada à critérios de eficiência presentes em qualquer atividade teleológica como o direito, porque não é assim que Hart apresenta e defende esses princípios. Em outras palavras, embora Hart analise o exemplo do envenenador e procure utilizá-lo como prova de que o "bom" identificado nos princípios da legalidade é apenas um "bom" de eficiência, não é de fato assim que esses mesmos princípios são caracterizados em sua obra, mas como princípios morais baseados numa filosofia liberal que vê na garantia da liberdade e da proteção das expectativas o fim substantivo do direito.

[67] *The Legacy of H.L.A Hart,* op. cit., p. 76.

9.4 Escolha contrafática do caso central

Ao iniciar o trabalho com a reapresentação dos principais pontos de *O conceito de direito*, mantive a ordem dos seus capítulos afirmando que havia todo um trabalho de sistematização em sua divisão por Hart. Afirmei que os três primeiros capítulos se dedicavam à desconstrução das teorias mais influentes que o antecederam, que os quatro capítulos centrais constituíam a teoria do próprio Hart e que os três últimos capítulos cuidavam da relação entre direito e moral e do direito internacional, totalizando dez capítulos. Percebemos, portanto, que Hart expende quase um terço de sua obra procurando demonstrar que os modelos teóricos clássicos, sobretudo o modelo austiniano de positivismo jurídico, eram insatisfatórios, porque não apresentaram uma boa descrição daquilo que nós de fato consideramos como direito, ou seja, não eram uma boa representação do conceito de direito enquanto prática social complexa, onde o ponto de vista de seus integrantes é fundamental para sua compreensão: "... Em vez disso, apontamos para certos aspectos familiares do direito interno num Estado moderno e mostramos que eles estavam ou distorcidos ou não totalmente representados nesta **teoria sobre-simplificada**" (2007:89, destacamos).

Para Hart, portanto, a abordagem do direito como um sistema de regras primárias e secundárias dotadas de uma dimensão interna consistente nas razões que os indivíduos têm para se conformarem com elas representa um avanço teórico em relação ao modelo "sobre- simplificado" anterior. Ele é mais fiel, é dizer, às práticas que nós de fato identificamos e reconhecemos como direito num Estado moderno.

Tudo o que tem sido argumentado até aqui, porém, parece sugerir que Hart não seguiu, por assim dizer, o seu próprio método ao escolher como caso central do conceito de direito um sistema de regras em que a moral não tenha nenhuma conexão necessária, apenas contingente. Tem-se afirmado à exaustão que se trata de uma escolha contrafática, o que, para um projeto que se pretende descritivo, só pode ser entendido como um movimento normativo, no sentido de como o direito deveria ser estudado e não de como ele de fato é. Todas essas afirmações foram feitas em forma de truísmos, como trivialidades indiscutíveis. Mas, afinal, sobre quem recai o ônus da prova? Sobre o crítico, de provar que todo sistema jurídico moderno é necessariamente ligado à moral, ou sobre Hart, de provar que não é?

Foi sugerido, no entanto, que o próprio Hart tem dificuldade de defender essa relação meramente contingente. É assim que ele afirma, por exemplo, que "o direito de todos os Estados modernos mostra em pontos muito numerosos a influência não só da moral social aceita, como também de ideais morais mais vastos. Estas influências entram no direito, quer de forma abrupta e confessada, através de legislação, quer de forma silenciosa e paulatina, através do processo judicial." (2007:230)

Hart afirma, portanto, com todas as letras: o direito de *todo* Estado moderno apresenta essa relação com a moral, não só de alguns Estados. Isso já não é o suficiente para direcionar a escolha do caso central? Hart poderia dizer algo equivalente a "ora, mas esses pontos de contato são tão numerosos como são diversos, e nenhum deles garante que o direito será ao fim justo". Digamos que tenha razão. Ainda assim, não deveria constar do caso central essa informação? Que o direito é um sistema composto por regras primárias e secundárias e que tem por fim regular a conduta humana respeitando princípios da moral aceita e da moral crítica, ainda que isso não garanta a concretização da justiça? Afinal, o direito penal também não é sempre justo. Aliás, esse é o ramo do direito que, se não for onde mais se cometem injustiças, pelo menos é nele em que as injustiças são mais trágicas, podendo em alguns sistemas - como o inglês do tempo de Hart – levar à morte ou prisão perpétua. Ainda assim, Hart não excluiu um requisito de justiça do caso central da pena pela eventual alegação de que ele ainda comportaria muita iniquidade. Por que a insistência em manter longe do caso central qualquer elemento normativo? Sabemos a reposta dada por Hart, que é uma reposta moral, benthamiana, de evitar que o critério de validade das regras se torne dependente de uma filosofia moral questionável.

As três formas de defesa acima, portanto, não encontram respaldo na obra de Hart, quando estudada em seu conjunto. A primeira forma de defesa ("é verdade que X, e é moralmente bom que se reconheça que X") afirmava que existe um conteúdo descritivo moralmente neutro e que é bom que seja assim. Ou seja, Hart jamais teria negado o valor moral de se adotar uma abordagem positivista, mas tal valor não afetaria a verdade de uma proposição descritiva. Vimos, porém, que a escolha do caso central do direito e, portanto, desse conteúdo descritivo do positivismo jurídico de Hart, não reproduz a maneira como enxergamos o direito e sua relação com a moral. A primeira forma de defesa, então, se anula com tudo o que tenho exposto acerca da escolha contrafática do caso central. O mesmo pode ser dito acerca da terceira forma de defesa, que trata da metodologia positivista, repetindo o argumento exposto no Pós-escrito de 1994 de que uma descrição continua a ser descrição, ainda quando o que se descreve é uma avaliação. De fato, não questiono, neste trabalho, a possibilidade de um relato descritivo de uma prática social normativa como o direito, mas tão somente que Hart, ao insistir em apresentar um caso central moralmente neutro, não está oferecendo uma teoria puramente descritiva.

Já quanto à segunda forma de defesa, que enfatiza a diferença entre as proposições "B é X, e isto torna B bom" e "B é X, e isto torna um bom B", atribuindo à teoria de Hart apenas a segunda, e alegando que o "bom" do conteúdo descritivo é um bom relativo a princípios de eficiência presentes em qualquer atividade teleológica e não um bom moral, vimos, porém, que não é assim que o próprio Hart entende esse princípios, conferindo-lhes, em diversos momentos de sua obra, o *status* de verdadeiros princípios morais. Além disso, poderíamos ainda argumentar que, desde uma perspectiva interna, não é assim que os percebemos, nem nós, sujeitos de direito, nem as autoridades aplicadoras das regras jurídicas.

CONCLUSÕES

O leitor deve ter notado a ausência de referências a autores críticos de Hart que também desafiaram a neutralidade do positivismo jurídico. O debate em teoria do direito atual é muito rico nesse sentido e não faltariam obras em apoio ao argumento central deste trabalho. Todavia, busquei defendê-lo tomando por base unicamente a própria obra de Hart, lida, por assim dizer, contra ele mesmo.

Foram revisitados textos importantes para a compreensão de seu sistema de pensamento, imerecidamente menos estudados, encontrando-se neles uma espécie de *Leitmotiv* normativo, um pano de fundo carregado de uma filosofia moral liberal que serve de móvel para sua abordagem do direito. Defendi, assim, que a tese da separabilidade entre direito e moral não decorre de sua descrição de como os sistemas jurídicos de fato são, mas de um posicionamento normativo que vê com desconfiança as incursões da moral no direito positivado ou a dependência deste de critérios morais de validade, tornando-o refém de uma "filosofia moral controvertida". É essa desconfiança que o faz escolher como caso central do direito apenas um sistema de regras primárias e secundárias, sem conexão necessária com a moral.

Vimos de que modo Hart recorre insistentemente a argumentos referentes aos méritos morais de se adotar tal postura positivista e como seus argumentos metodológicos são insuficientes para explicar a escolha de um caso central que ele mesmo reconhece não reproduzir fielmente o direito de todas as sociedades modernas. Daí a importância de se retomar seus escritos em direito penal, porque neles Hart emprega o mesmo método hermenêutico que utilizara em *O conceito de direito,* mas, em nome de um relato exato das práticas penais presentes em todos os ordenamentos, acrescenta ao conceito de pena um requisito moral de justiça, decorrente da identificação de uma função, um *point*, do direito penal. Questionou-se, então, por que motivo Hart, ao tratar do direito como um todo, se recusa a considerar os requisitos de justiça igualmente presentes em todo ordenamento como elementos essenciais do direito, que deveriam constar de seu caso central. Essas indagações se fizeram marcantes quando se discutiu o diálogo travado com Lon Fuller, no qual Hart reconhece a moralidade dos chamados "princípios da legalidade", mas continua insistindo na tese da separabilidade afirmando que eles comportariam ainda muita injustiça. Tais reflexões críticas só foram possíveis, porém, porque tínhamos em mente e confrontamos diversos textos de sua vasta bibliografia, encontrando neles sempre um mesmo argumento normativo, semelhante às defesas ideológicas do positivismo que já existiam em Bentham.

Acredito, portanto, que um estudo do conjunto da obra de Hart acerca do tema da separabilidade entre direito e moral e da neutralidade valorativa do positivismo jurídico nos fornece novos elementos para a compreensão de sua teoria do direito. Como foi dito, ela é um ponto de partida para qualquer jurista que deseje conhecer o debate atual em teoria do direito e o papel que o positivismo jurídico ainda desempenha não só nos meios acadêmicos como também na prática dos tribunais. A despeito do tom crítico deste estudo, seu objetivo foi sempre o de contribuir para um entendimento mais aprofundado do respeitável legado hartiano, encorajando – e não dissuadindo – o leitor a conhecê-lo melhor.

REFERÊNCIAS

AUSTIN, John. *The Province of Jurisprudence Determined*, W. Rumble (ed.), Cambridge, Cambridge University Press, 1995 (1ª ed. 1832).

AZEVEDO, J.L. *Eidética y Aporética del Derecho: Prolegomenos a la Filosofia del Derecho*, Buenos Aires, Galpe, 1940.

BIX, B. *H.L.A. Hart and the Hermeneutic Turn in Legal Theory*, in *52 S.M.U. Law Review*, 1999.

BOBBIO, N. *O Positivismo Jurídico – Lições de Filosofia do Direito*, trad. Márcio Pugliesi, São Paulo, Ícone, 2006.

COLEMAN, J. *Hart"s Postscript*, Oxford, Oxford University Press, 2001.

COLEMAN, J. Schapiro, S. (eds.). *The Oxford Handbook of Jurisprudence and Philosophy of Law*, Oxford, Oxford University Press, 2002.

DWORKIN, R. *Justice for Hedgehogs*, Cambridge, Harvard University Press, 2011.

—. *Taking Rights Seriously*, Cambridge, Harvard University Press, 1978.

—. *Law"s Empire*, Cambridge, Harvard University Press, 1986.

FINNIS, J. *Lei natural e direitos naturais*, trad. Leila Mendes, São Leopoldo, Unisinos, 2006.

FULLER, Lon L. *The Morality of Law*, New Haven, Yale, ed. rev. 1969 (1ª ed. 1964).

GEORGE, Robert P. (ed.). *Natural Law Theory: Contemporary Essays*, Oxford, Clarendon Press, 1992.

GUEST, S. (org.). *Positivism Today*, Vermont, Dartmouth, 1996.

HART, H.L.A. *O conceito de direito*, trad. (edição inglesa de 1991) A. Ribeiro Mendes, Lisboa, Fundação Calouste Gulbenkian, 2007.

—. *Direito, liberdade, moralidade*, trad. Gerson Pereira dos Santos, Porto Alegre, Sergio Antonio Fabris (1ª ed. 1963), 1987.

—. *Punishment and Responsibility – Essays in the Philosophy of Law*, New York, Oxford University Press, (1ª ed. 1967), 2ª ed., 2008.

—. *Essays on Bentham – Studies in Jurisprudence and Political Theory*, Oxford, Clarendon, 1982.

—. *Essays in Jurisprudence and Philosophy*, Oxford, Clarendon, 1983.

—, Honoré, T. *Causation in the Law*, Oxford, Clarendon, 2ª ed., 1985.

—. *The Ascription of Responsibility and Righs*, in *Proceedings of the Aristotelian Society*, 49, 1948-9.

—. *Definition and Theory in Jurisprudence*, in *Law Quarterly Review*, 70, 1954.

Kelsen, H. *Teoria Pura do Direito*, trad. João Baptista Machado, São Paulo, Martins Fontes, 2000.

Kuhn, T.S. *The Structure of Scientific Revolutions*, Chicago, Chicago University Press, 1962.

—.*Objectivity, Value Judgment, and Theory Choice*, disponível online em http://commonsenseatheism.com/wp-content/uploads/2010/04/Kuhn-Objectivity- Value-Judgment-and-Theory-Choice.pdf.

Kramer, M.H et.al (ed.). *The Legacy of H.L.A. Hart – Legal, Political and Moral Philosophy*, New York, Oxford University Press, 2008.

Lacey, N. *A Life of H.L.A. Hart – The Nightmare and the Noble Dream*, New York, Oxford University Press, 2004.

Leiter, B. *BeyondtheHart/DworkinDebate:TheMethodologyProblemin Jurisprudence*, in *American Journal of Jurisprudence*, vol. 48, 2003, pp. 17-51.

MacCormick, N. *H.L.A. Hart*, trad. Claudia Santana Martins, Rio de Janeiro, Elsevier, 2010.

Morrison, W. *Filosofia do Direito: dos gregos ao pós-moderno*, São Paulo, Martins Fontes, 2006.

Postema, G. *Bentham and The Common Law Tradition*, Oxford, Oxford University Press, 1986.

Raz, Joseph. *Dworkin: A New Link in the Chain*, in *California Law Review*, 74, 1986.

—. *Practical Reason and Norms*, Oxford, Oxford University Press, 1999 (1ª ed. 1975).

Alexander, L. *The Legal Enforcement of Morality*, in *Pub. L. L.T.*, working paper 21, August, University of San Diego School of Law, 2000.

Bayles, M. D. *Hart"s Legal Philosophy, an Examination*, Londres, Kluwer, 1992.

—. *Hart vs. Dworkin*, in *Law and Philosophy*, vol. 10, n. 4, 1991, pp. 349-81.

Bix, B. *H.L.A. Hart and the Hermeneutic Turn in Legal Theory*, in *S.M.U. Law Review*, 167, 1999, pp. 52ss

—. *On the Dividing Line Between Natural Law Theory and Legal Positivism*, in *Notre Dame L. Rev.*, vol. 75, 1999-2000.

—. *H.L.A. Hart and the „Open Texture" of Language*, in *Law and Philosophy*, vol. 10, n. 1,1991, pp. 51-72.

BLACKBURN, S. *Principle of Charity*, in *The Oxford Dictionary of Philosophy*, Oxford, Oxford University Press, 1994.

BOOS, E.J. *Perspectives in Jurisprudence – An Analysis of H.L.A. Hart"s Legal Theory*, New York, Peter Lang, 1998.

BURTON, S.J. *Ronald Dworkin and Legal Positivism*, in *Iowa Law Review*, vol. 73, 1987.

CAMPBELL, J. *The Point of Legal Positivism*, in *The King"s College Law Journal*, vol. 9, 1998-99.

CANE, P. (ed.). *The Hart-Fuller Debate in the Twenty-First Century*, Portland, Hart Publishing, 2010.

CARON, Y. *The Legal Enforcement of Morals and the So-Called Hart-Devlin Controversy*, in *McGill L.J*, vol. 15, 1969.

COHEN, M (ed.). *RonaldDworkinandContemporaryJurisprudence*,London, Duckworth, 1984.

COLEMAN, J. (ed.). *Hart"s Postscript – Essays on the Postscript to The Concept of Law*, Oxford, Oxford University Press, 2001.

COLEMAN, J., Shapiro, S. (org.). *Oxford Handbook of Philosophy of Law*, Oxford, Oxford University Press, 2002.

—. *Beyond Inclusive Legal Positivism*, in *Ratio Juris*, vol. 22, 2009.

COYLE, S.et al. (ed.). *Jurisprudence or Legal Science? A Debate About the Nature of Legal Theory*, Portland, Hart Publishing, 2005.

DWORKIN, R. *Taking Rights Seriously*, Cambridge, Harvard University Press, 1978.

—. *Law"s Empire*, Cambridge, Harvard University Press, 1986.

—. *Uma questão de princípio*, trad. Luís Carlos Borges, São Paulo, Martins Fontes, 2001.

—. *Objectivity and Truth: You"d Better Believe It*, in *Philosophy and Public Affairs*, vol. 25, n. 2, 1996, pp. 87-139.

—. *Justice in Robes*, Cambridge, Harvard University Press, 2006.

—. *Hart"s Postscript and the Character of Political Philosophy*, in *Oxford Journal of Legal Studies*, vol. 24, 2004, pp. 1-37.

EDMUNDSON, W.A. (ed.). *The Blackwell Guide to Philosophy of Law and Legal Theory*,

FULLER, L. L. *Positivism and Fidelity to Law – A Reply to Professor Hart,* in *Harvard Law Review,* vol. 71, 1958, pp. 630-72.

GARDNER, J. *Legal Positivism: 5 ½ Myths,* in *American Journal of Jurisprudence,* 46, 2001.

GOLDSCHMIDT, V. *Tempo histórico e tempo lógico na interpretação de sistemas filosóficos,* in *A religião de Platão,* 2ª ed., São Paulo, Difusão Européia do Livro, 1970.

GUEST, S. *Ronald Dworkin,* Edinburgh, Edinburgh University Press, 1997.

HACKER, P.M.S. *Hart„s Philosophy of Law,* in Hacker, P.M.S. e Raz, J., *Law, Morality, and Society,* Oxford, Oxford University Press, 1997.

—. *Definition in Jurisprudence,* in *The Philosophical Quarterly,* vol. 19, n. 77, 1969.

HAMISH, S. *Legality and Morality in H.L.A. Hart"s Theory of Criminal Law,* in *S.M.U.L. Rev.,* vol. 52, 1999.

KRAMER, M. H. *The Big Bad Wolf: Legal Positivism and its Detractors,* in *Am. J. Juris,* 2004, pp. 1 e ss.

—. *On the Separability of Law and Morality,* in *Can. J. L. & Jurisprudence,* 2004, pp. 315-35.

KRONMAN, A. *Max Weber,* trad. John Milton, Rio de Janeiro, Elsevier, 2009.

KUHN, T.S. *The Essential Tension: Selected Studies in the Scientific Tradition,* Chicago, Chicago University Press, 1977.

LACEY, N. *Out of the Witches Cauldron? Reinterpreting the context and re-assessing the significance of the Hart-Fuller debate,* LSE Working Papers, London School of Economics, 18, 2008.

LEITH, P. et. al. (ed.). *The Jurisprudence of Orthodoxy: Queen"s University Essays on H.L.A. Hart,* London, Routledge, 1988.

MACCORMICK, N. *A Moralistic Case for A-Moralistic Law?,* in *Val. Un. L. Review,* vol. 20, 1985.

—. *Institutions of Law – An Essay in Legal Theory,* Oxford, Oxford University Press, 2007.

—. *H.L.A. Hart,* Stanford, Stanford University Press, 2ªed., 2008.

—. *Natural Law and the Separation of Law and Morals,* in Robert P. George (ed.), *Natural Law Theory: Contemporary Essays,* Oxford, Clarendon, 1992.

MACEDO Jr., R.P. *O método de leitura estrutural,* in *Cadernos Direito GV,* número 16, março, 2007.

MARMOR, A. *Legal Positivism: Still Descriptive and Morally Neutral,* in *Oxford Journal of Legal Studies,* vol. 26, 2006, pp. 683-704.

Michelon Jr., C.F. *Aceitação e Objetividade*, São Paulo, Revista dos Tribunais, 2004.

Mill. J.S. *On Liberty*, in *Collected Works of John Stuart Mill*, vol. XVIII, Toronto, University of Toronto Press, 1977.

Nino, C.S. *Los limites de la responsabilidad penal - una teoria liberal del delito*, Buenos Aires, Astrea, 1980.

—. *Introducción al análisis del derecho*, Buenos Aires, Astrea, 2ª ed., 2003.

Perry, S. *Interpretação e metodologia na teoria jurídica*, in Marmor, A., *Direito e Interpretação*, São Paulo, Martins Fontes, 2000, pp. 145-203.

Posner, R.A. *Conceptions of Legal Theory*, in *Arizona St. L.J.*, vol. 29, 1997.

—. *Problemas de filosofia do direito*, trad. Jefferson Luiz Camargo, São Paulo, Martins Fontes, 2007.

Quine, W.V.O. *Word and Object*, Cambridge, MIT Press, 1960.

Raz, J. *Dworkin: A New Link in the Chain*, in *Cal. Law Review*, vol. 74, 1986.

—. *Legal Principles and the Limits of Law*, in *Yale Law Review*, 81, 1971-72.

Shapiro, S. J. *The "Hart-Dworkin" Debate: A Short Guide for the Perplexed*, in *Public Law and Legal Theory Working Paper Series*, 77, Michigan Law School, 2007.

Stavropoulos, N. *Interpretivist Theories of Law*, in *Stanford Encyclopaedia of Philosophy*, disponível em http://plato.stanford.edu/entries/law-interpretivist/

Wacks, R. *Philosophy of Law – A Very Short Introduction*, New York, Oxford University Press, 2006.

Wilson, N. *Substances without substrata*, in *Review of Metaphysics*, v. XII, 1959, pp. 521-39.